공씨책방을 세운
공진석 님(1940~1990)께 바칩니다.

공씨 책방을 추억함

공씨 책방을 추억함

박성기 수필집

명작

성공한 사람보다 가치 있는 사람으로

오랜만에 한 지인을 만났다. 내가 돌보고 있는 한솔문화원 앞에서였다. 그는 내게 이렇게 말했다.

"여전히 가치 있는 일을 하며 사시는군요."

그 말을 듣는 순간, 내심 기분이 좋았다. 내가 겪고 있는 고충이나 속사정이야 그분의 영역 밖이지만 내 삶을 그렇게 봐주는 게 고마웠다.

1982년 3월 대학에 들어가 처음으로 읽은 책은 백범 김구 선생이 쓴 『백범일지』였다. 고등학교 3학년 국어 선생님이 추천한 책이었다. 그 책을 통해 나는 내 앞날을 그렸다. '나라와 지역 사회에 도움이 되는 존재로 살겠다.'

그 뒤 지금까지 내 인생은 책을 떼어 놓고는 설명할 수 없을 정도가 됐다. 시간의 대부분을 책(글)을 읽거나, 팔고 사거나, 쓰는 데 썼다. '인생삼락'이라고 해도 지나친 말이 아니다. 남은 삶도 그와 비슷하게 살 것이다. '읽고 쓰고 걷고.'

이 수필집은 2013년부터 2019년까지 글벗(오클랜드문학회, 뉴질랜드스콜라문학회)들의 힘을 얻어 틈틈이 써 온 글 가운데 일부를 모아 정리한 것이다. 원래 계획은 65세(2028년 2월)가 될 때 펴내는 것이었다. 500편을 써서 그 가운데 50편을 골라낼 생각이었다. 그렇게 은퇴(Re-Tyre)를 기념하는 자축 잔치를 근사하게 하고 싶었다.

그런데 한 후원자 덕분에 계획이 앞당겨졌다. 어느 날 날개 없는 천사가 글을 세상에 내보내라며 내 어깨를 '톡톡' 두드렸다. 컴퓨터에 들어 있는 원고를 꺼냈다. 다시 읽어보니 나름 '깊은' 뜻이 있었다. 솔직히 말하면 앞으로 이보다 더 잘 쓰기는 힘들겠다는 판단도 들었다. 내려놓기, 아니 포기를 해야만 책으로 나올 수 있을 것 같았다.

원고를 검토하다 보니 유독 돌아가신 어머니(한영숙) 얘기가 많았다. 가장 애정이 많이 가는 작품이기도 했다. 언젠가는 어머니를 소재로 소설을 한 편 쓰고 싶다. 아버지 얘기, 형제 얘기, 자식 얘기 그리고 책 얘기가 주다. 완벽한 사(私)수필이다. 그런데도 자랑스럽게 내놓을 수 있는 까닭은 내가 아니면 쓸 수 없는 글이라는 자부심이 밑바닥에 깔려 있어서다.

평소 아버지(박용석)는 내게 이런 말씀을 자주 했다.

"사람이 밥만 먹고 살다 죽어서야 되겠니? 세상에 조금이라도 도움이 되는 사람으로 살다 가야지. 이름을 남길 수 있으면 더 좋고."

나는 오클랜드대학 상대를 졸업한 세 아들(한솔, 예솔, 진솔)에게 가끔 이런 말을 한다.

"돈 많이 벌어서 좋은 일 많이 해라. 아빠가 살아 보니 선한 사마리아 사람의 노릇도 돈이 없으면 하기 힘들더라."

부디 아들들이 제 한 몸, 자기 식구만 건사하는 사람으로 살지 않기를 바란다. 그게 이 책을 하루라도 빨리 펴내는 궁극적인 이유다.

글을 다듬으며 '내 인생의 책 열두 권'을 뽑아봤다. 이 책들이 오늘의 나를 만들었다고 믿는다.

1. 『토지(전 21권)』(박경리)
2. 『백범일지』(김구)
3. 『지조론』(조지훈)
4. 『전환시대의 논리』(리영희)
5. 『우리글 바로 쓰기 1, 2』, 『우리 문장 쓰기』(이오덕)

6. 『장석조네 사람들』(김소진)
7. 『맨발천사 최춘선 – 가난한 자는 복이 있나니』(김우현)
8. 『로마인 이야기(전 15권)』(시오노 나나미)
9. 『세계사 편력(전 3권)』(네루)
10. 『풍속의 역사(전 4권』(에두아르트 푹스)
11. 『그리스 사람 조르바』(니코스 카잔차키스)
12. 『나무를 심은 사람』(장 지오노)

아인슈타인은 "성공한 사람보다는 가치 있는 사람이 되어라"라고 말했다. 평균해 따지면 아직 살날이 적지 않겠지만 나는 굳이 성공한 사람으로 기억되고 싶지는 않다. 그저 한평생 가치 있는 삶을 살다 간 사람이면 만족한다. 다만, 그것이 나에게만 가치 있는 일이 아니길 바랄 뿐이다. 같이, 가치 있게 사는 삶이 된다면 좋겠다.

2020년 11월 16일
박성기

차 례

공씨책방을 추억함

책을 펴내며

8 성공한 사람보다 가치 있는 사람으로 박성기

Part 1

18 공씨책방을 추억함
28 멋진 남자, 정우성
34 빈처이대(貧妻二代)
40 성실이 언니
47 셸 위 댄스?
53 그림엽서 한 장
61 따순 밥 한 그릇
66 연극이 끝난 뒤

Part 2

74 영숙 씨는 왜 그렇게 쫄아 들었을까

79 자서전을 씁시다

85 파리의 잠 못 이루는 밤

92 '바람'이라 불린 사나이(바불사 傳)

98 '황금'이라 불린 아가씨

103 책 읽어주는 여자, 정혜

108 삼겹살이 익는 시간

114 이 모든 게 꿈이라면 – 송은혜 님 추모사

Part 3

124 내 친구, 은경이

130 눈빛

135 산책하는 이의 세 가지 즐거움

142 선교사와 고스톱, 그리고 카프카

148 책까지 파는 바보

154 홍길동이 죽었습니다

161 나마스떼 씨, 안녕하신지요

167 나는 길을 잃었습니다

차 례

공씨책방을 추억함

Part 4

176 내 입술은 작은 술잔이에요
182 다시, 푸호이에서
188 등짝 셋
194 네가 애비어미를 버리드라도
–『아버지의 라디오』를 읽고
199 악수
205 자린고비, 그는 왜 시곗줄을 풀었을까
212 중부시장
216 팔자가 좋으시군요

Part 5

226 호떡집에 불난 이야기
232 차마 묻지 못한 질문 두 개
239 잊을 수가 없다
245 새 '천일야화'
250 이오덕 선생을 생각하며
258 발톱을 깎다가
264 나의, 사랑하는 집
271 토머스 아저씨의 위대한 질문

Part 6

280 숨
286 달을 보고 울었더래요
293 우리 아들이 작가예요
298 커피 한잔을 앞에 두고
304 70년 만에 이루어진 해후
310 당신의 아지트는 어디인가요

아주 사적인 추천사

318 지극한 그리움의 글 고은경

내게 공씨책방은

문학의 굴, 지혜의 굴,

상상의 굴과 다름없었다.

종일토록 머물러도 밖으로 나가고 싶지 않았다.

문학 역사 철학 예술 등 수만 권의 책이,

수억 개의 활자가 춤추는 모습이

너무 황홀했다.

나는 그렇게 책에 취해 젊은 시절을 보냈다.

– '공씨책방을 추억함' 중에서

Part 1

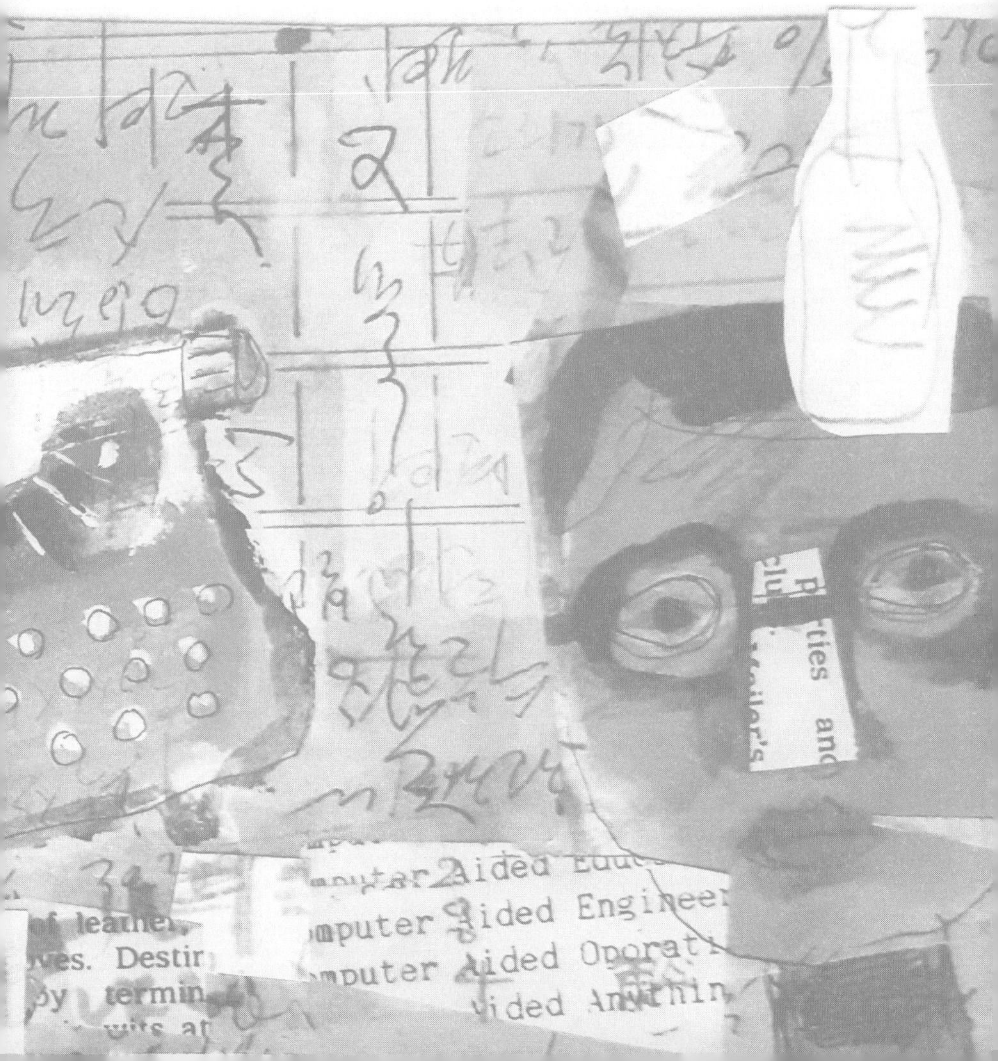

Aided Educ
mputer Aided Engineer
mputer Aided Oporati
ided Anythin
Destir
termin
ties and

공씨책방을 추억함

김지하 시집 잃어버렸다고 인상 쓰는 兄(형)을 위해
○○○이 드립니다.
1990년 2월 14일, 종로서적 앞에서.

2013년 한국을 방문했다.
2020년 현재 신촌(본점), 성수동(2호점)에 공씨책방을 두고 있다.

푸른숲에서 펴낸 『내가 읽은 책과 세상』의 뒷날개에 쓰여 있는 문구다. 후배 G가 내게 준 책 선물인가보다. 그 무렵, 아끼던 시집이 없어졌다고 꽤 불퉁거렸던 모양이다. 위로 차원에서 G가 나를 이끌고 종로서적 앞 작은 책방으로 가서 책을 사줬던 기억이 아슴푸레 떠오른다.

책을 자세히 보았다. '김훈의 문학 스크랩'이라는 부제가 달려 있다. 표지 속 김훈은 젊다. 다섯 컷 영화 필름 안에 들어 있는 그는 마흔쯤 돼 보인다. 담배 한 개비를 입에 문 그의 모습에서 전형적인 작가 냄새가 난다. 눈이 매섭고 표정이 진지하다.

뉴질랜드에 이민 온 지 스무 해가 다 돼 간다. 삼십 대 초반에 와 어느덧 지천명에 이르렀다. 한창 좋은 시절을 타국에서 다 보낸 셈이다. 스무 해 세월을 한 단어로 정리한다면, 바로 '책'이 아닐까.

사람들은 한 가지 인상이나 특징만으로 남을 정의 내린다고 한다. 그저 '좋은 사람', '믿을 만한 사람', '나쁜 사람', '괴팍한 사람' 등 한두 단어로 정리한다는 뜻이다. 인생 팔십 구십 아무리 길게 살아도, 아쉽게도 그렇게만 기억되는 게 사람의 운명이다. 그렇다면 나는, 아직 수명을 다하진 않았지만 '책에 미친 사람'으로 기억되지 않을까 생각한다.

1980년대 젊은 날의 나는 늘 책방에 있었다. 그곳은 종로

공씨책방은 '개미굴'이라고 불렸다. 한번 들어가면 빠져나오기 힘들어 붙인 별명이었다.
ⓒ 공씨책방

서적이기도 했고, 또 교보문고이기도 했다. 때로는 서울역의 헌책방이기도 했고, 또 때로는 청계천의 헌책방이기도 했다. 수없이 많은 책방을 돌아다녔지만, 그 가운데에서도 지금은 재개발 때문에 변방으로 밀려난 공씨책방을 유독 더 추억하고 싶다.

공씨책방은 광화문 사거리, 구세군회관 맞은편에 자리를 잡고 있었다. 일층과 지하를 함께 헌책방으로 썼는데, '개미굴'이라고 불릴 정도로 미로 같았다. 한번 들어가면 빠져나오기 힘들다고 붙인 별명이었다.

내게 공씨책방은 문학의 굴, 지혜의 굴, 상상의 굴과 다름없었다. 종일토록 머물러도 밖으로 나가고 싶지 않았다. 문학 역사 철학 예술 등 수만 권의 책이, 수억 개의 활자가 춤추는 모습이 너무 황홀했다. 나는 그렇게 책에 취해 젊은 시절을 보냈다.

책방 주인 고(故) 공진석 씨와의 만남도 내게는 의미가 깊다. 우리는 세월의 틈새가 커 깊이 있는 우정을 나누지는 못했지만, 늘 면장갑을 끼고 헌책을 매만지는 그의 모습을 보며 나는 앞날을 꿈꾸기도 했다. '마흔이 넘으면 헌책방을 해야지, 사람들의 손때가 묻은 책갈피를 넘기면서 남은 인생을 살아야지' 하는 생각을 했다. 그는 내 인생의 스승이다.

안타깝게도 공진석 씨는 1990년 7월, 쉰의 나이로 세상을 떠났다. 정확히 지금의 내 나이다. 그의 부음은 한겨레신문과 중앙일보 등 일간신문에 상자 기사로 실렸다. 그의 존재가 이 세상에서 사라지고 없다는 사실이 얼마나 큰 충격인지를 보여준 단면이었다. 광화문 교보문고 옆 '헌책방 교보문고'를 꿈꿨던 공진석 씨, 그는 헌책을 사 오던 길에 심장마비를 일으켜 돌아올 수 없는 길을 가고 말았다.

지금도 그가 쓴 책『옛책, 그 언저리에서』, 그리고 자기 돈을 들여 출판한 〈옛책 사랑〉 시리즈를 읽다 보면 책 사랑에 빠져 한평생을 보낸 그가 안쓰러운 한편으로 한없이 부럽기도 하다.

뉴질랜드에 이민을 와서 제일 먼저 한 일이 책방을 여는 거였다. 큰아이의 이름을 따 '한솔문화원'이라는, 나름 거창한 간판을 내걸고 제법 그럴듯한 시작을 했다. 책방으로만 그치고 싶지 않아서였다. 음악 공연도 마련하고, 문학 세미나나 철학 강좌도 열어 나 개인뿐만 아니라 교민 사회를 위해서 더욱 뜻있는 일을 해보리라 마음먹었다. 나에게 도움이 되고, 교민 사회에도 힘이 되는 일이었으면 좋겠다고 생각했다. 그래서 주

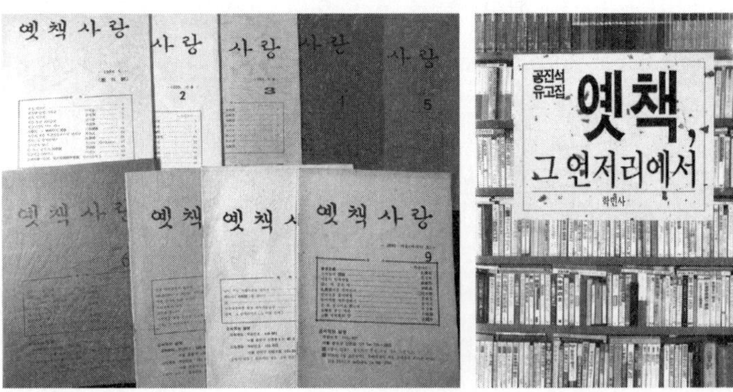

공씨책방에서 펴낸 〈옛책 사랑〉과 공진석 선생의 유고집『옛책, 그 언저리에서』

공진석 선생은 한국에서 제일 큰 책방 교보문고 옆에
'헌책방 교보문고'를 세우고 싶어 했다. © 공씨책방

저 없이 책방을 차렸다.

결과는 참혹했다. 되지도 않을 일에 젊은 시절을 다 보냈다는 비아냥이 쏟아졌다. 시대의 흐름을 읽으며 살라는 도움말도 숱하게 받았다. 아내와 어린 세 아들까지 가족 모두가 힘든 나날을 보내야만 했다.

문화원 실패의 후유증을 이기고 다시 시작한 일 역시 책방이었다. 이번에는 한국 책 대신 영어책을 택했다. 교민이 아닌 뉴질랜드 사람을 대상으로 한 사업이었다. 한동안은 기대 이상으로 잘 풀렸다. 그런 북새판에도 마음 한복판, 내가 가야 할 길은 영어로 쓰인 책이 아니라 한국어로 된 책을 다루는 것이라는 생각을 부여잡고 있었다. 한국에 두고 온 모국어가 그리웠다. 내 나라말, 내 나라 문학, 내 나라 문화에 배고팠다. 모국어의 속살로 그려진 세상을 만나고 싶었다.

자연스럽게 영어책 사업에 흥미를 잃어갔다. 결과적으로 수익에도 문제가 생겼다. 어쩔 수 없이 영어 책방을 접어야만 하는 순간이 왔다. 또 한 번의 참담한 실패였다.

지난해 사월, 우여곡절 끝에 한솔문화원 간판을 다시 달았다. 어쩌면 신념인지 오기인지 모를 투지로 또 사고를 쳤는지도 모르겠다. 그동안 열 곳에 가까웠던 교민 책방이 줄줄이 문을 닫는 바람에 '나라도 다시 해보자'는 생각이 들었다. 아무리 먹고살기가 힘들어도 사람 사는 곳에 책방 하나는 있어야 하지 않겠느냐는 게 내 주장이었다.

예상대로 잘 알고 지내는 사람들이 하나같이 말렸다. 인터넷 세상에서 종이책은 이제 더는 설 자리가 없다며 이구동성으로 냉엄한 현실을 직시하라고 말했다. 그 순간 나도 모르게 공씨책방이 떠올랐다. 공 선생님 같았으면 뭐라고 했을까. 지금 내 나이에 돌아가신 공 선생님, 세월이 흘러 이제 동갑이 된 내게 어떤 도움말을 해 주실는지 궁금했다.

아마도 그는 격려의 악수를 건넸으리라. 한평생 책을 사랑했던 그라면, 아무리 시대가 궁핍해졌다 해도 내게 책방을 하지 말라고 할 것 같지는 않다.

교민신문에 한솔문화원 개원 소식을 전했다. 십여 년 전 '꿈을 접습니다'라며 폐원 광고를 냈었는데 또다시 문을 연 것이다. 뜻있는 독지가가 선뜻 내준 건물 일부를 빌려 그동안 애지중지 부둥켜안고 있던 삼천 여권을 밑천 삼아 재도전에 나섰다.

어느덧 한 해가 지났다. 순간순간 위험한 고비가 없었던 건 아니지만 아직은 그럭저럭 큰 무리 없이 흘러가고 있다. 관록 덕분일까? 이제는 웬만한 어려움엔 흔들리지 않을 정도로 단단해졌다.

삼천 권의 종자 책으로 시작한 문화원이 이제 팔천 권이 넘는 장서를 보유할 만큼 성장했다. 가뜩이나 없는 살림에 거금을 들여 천 권에 가까운 새 책을 한국에서 사 오기도 했지만, 많은 부분 교민들이 정성껏 기증한 책들이다. 책 사이사이에 옛 여자친구의 흔적처럼 묻어 있는 추억의 파편들을 하나씩 하나씩 되새기며 행복한 날을 보내고 있다.

유학을 떠난 아들에게 사 보낸 영어책에 쓰여 있는 엄마의 격려 글도 있고, 멀리 뉴질랜드에 이민을 간 동생에게 보낸 큰형의 안부 편지도 있고, 연인에게 보낸듯한 연애 메모도 있다.

공씨책방에 진열되어 있는 책(2013년)

이름도 알 수 없는 수많은 교민이 기증한 책들의 갈피를 한 장 두 장 넘기며 내 추억 속의 그 여자도 그렇게 되살아났다.

종종 '부록'처럼 들어 있는 청춘들의 군대 사진, 연인들의 여행 사진, 가족들의 단체 사진도 나의 추억을 더듬게 해준다. 또 더러는 책갈피 대신 썼음직한 빛바랜 낙엽도 만난다. 헌책이 아니라면 얻을 수 없는 소중한 것들이 책갈피 사이사이에 숨어 있다. 내게는 그 무엇과도 바꿀 수 없는 보석들이다.

어렵사리 다시 일어선 문화원이 정말로 잘 됐으면 좋겠다.

삼천 권, 팔천 권의 책을 넘어 한두 해 안에 이만 권 아니 오만 권의 장서로 빛났으면 하는 기대를 품고 있다. 그렇게 책으로, 아니 추억으로 덮인 세계에서 교민 사회가 더 멋진 꿈을 꾸며 살았으면 하는 마음이 간절하다.

최근 들어 동네 친구와 함께 자주 들르는 열 살 여자아이의 말이 날 기분 좋게 했다.

"한솔문화원 오는 게 가장 기쁜 일이에요."

집으로 돌아가는 그 아이의 손에 들린 것은 아마도 한 권의 책이 아니라 또 하나의 세상이리라. 빌 게이츠는 "나를 키워준 것은 동네 도서관"이라고 말한 적이 있다. 오클랜드에 사는 한국 사람들에게 한솔문화원이 이런 도서관이 되었으면 한다.

더할 나위 없이 아름다운 이 꿈이 이루어지는 날, 세상 너머에 계신 공 선생께서 예의 그 사람 좋은 웃음을 내게 날려주시지 않을까.

*이 글은 2013년 제15회 재외동포문학상 수필 부문 대상 수상작이다.

멋진 남자, 정우성

사람은 하루를 울었으면 하루는 웃어야 합니다.
그래야 살 수 있습니다.

혹시, 정우성이라는 남자를 아세요?

키 크고 잘생긴 영화배우 그 정우성 말고요, 뉴질랜드에 사는 정우성 말이에요. 그분은 자기 이름을 말할 때마다 늘 손을 입에 갖다 대며 웃곤 하지요. 그 표정을 직접 보시면 정말 재밌어요. '입은 약간 합죽, 눈빛은 약간 부끄, 머리는 약간 긁적….' 본인도 이름 말하기가 쑥스러워서 그렇지요.

가명도 아니고 본명인데, 그렇게 부끄러워하는 까닭은 배우 정우성만큼 잘생기지 않아서 그럴지도 몰라요. 솔직히 제가 보기에도 좀 그렇긴 해요. 처음 그분을 만났을 때 저도 내색은 안 했지만, 속으로는 막 웃었거든요. 이 자리를 빌려 미안하다고 말씀드리고 싶네요.

서너 해 전 정우성 님을 처음 뵀어요. 제가 몸담은 문학회가 수필 교실을 열었는데, 그때 수강생과 코디네이터로 만났지요. 제 기억에 첫날 열 명이 자리를 함께했어요. 저는 한 사람 한 사람 훑어보았지요. 그중에 누가 '글 거목'이 될까, 하는 마음으로요.

저는 정우성 님을 눈여겨보지 않았어요. 문학과는 거리가 좀 멀어 보였거든요. 평소 책 한 권 안 읽으시는 분 같아 보였어요. 그런데도 이상하게 끌렸어요. 진흙 속에 숨겨진 진주 같은 느낌도 들었고요.

10주 과정의 수필 교실이 열리는 내내 정우성 님은 한 번도 빠지지 않았어요. 시간이 지날수록 문학을 향한 열정이 점점 뜨거워지고 있다는 것을 느꼈어요. 그런데 실력이 하루아침에 또 몇 주 사이에 느는 게 아닌 만큼 늘 불안해하는 모습을 보였지요. 그때마다 그의 눈은 한없이 슬퍼 보였어요. 마치 엄마 잃은 어린 사슴처럼 말이에요.

하지만 얼마 안 있어 놀라운 일이 눈앞에서 벌어졌어요. 정우성 님이 시인이 된 거예요. 아니, 정확히 말하면 시인 역을 한 것이지요. 우리 문학회가 크리스마스를 두 주 앞두고 시 낭송회 밤을 열었는데, 그 자리에서 정말로 멋지게 역을 소화해냈거든요.

사는 일은
밥처럼 물리지 않는 일이라지만
때로는 허름한 식당에서
어머니 같은 여자가 끓여주는
국수가 먹고 싶다.

정우성 님이 고른 작품은 이상국 시인이 쓴 〈국수가 먹고 싶다〉라는 시였어요. 처음 연은 이렇게 시작되었지요. 저는 한 마디로 '뿅' 갔어요. 애잔한 목소리에 내 눈시울까지 뜨거워졌어요.

세상은 큰 잔칫집 같아도
어느 곳에선가
늘 울고 싶은 사람들이 있어
마을의 문들은 닫히고
어둠이 허기 같은 저녁

눈물 자국 때문에
속이 훤히 들여다보이는 사람들과
따듯한 국수가 먹고 싶다

마지막 두 연은 이렇게 되어 있지요. '늘 울고 싶은 사람들이 있어' 하는 그 행에서 전 그냥 울고 말았어요. 솔직히 말씀드리면 제가 울고 싶었거든요. 사는 게 너무 힘들어서요. 그날 정우성 님이 제 눈물샘을 자극해 저를 울게 해줬지요.

시를 낭송한 뒤 시 소감을 발표하는 시간이 있었어요. 체크무늬 콤비 양복을 차려입고 밤색 중절모를 푹 눌러쓴 그가 약간은 떨리는 목소리로 이렇게 말했지요.

"사람은 하루를 울었으면 하루는 웃어야 합니다. 그래야 살 수 있습니다."

짧은 말이었지만 제 심장에 깊게 와 닿았어요. 어쩌면 그의 진지한 표정이 그렇게 만들었는지도 모르지요. 저는 그때 날마다 울며 살다시피 했는데 정우성 님의 그 말 한마디가 저를 편하게 해주었어요. "하루를 울었으면 하루는 웃어야 한다"는 그 말이요.

정우성 님과 딱 둘이서만 노래방을 간 적이 있어요. 저녁 식사를 하고 소화도 시킬 겸 해서 들렀지요. 저는 조영남의 〈제비〉, 신중현의 〈미인〉, 김광석의 〈서른 즈음에〉를, 그는 배호, 나훈아, 조경수의 노래를 불렀어요. 저도 평소 '한 노래' 한다는 소리를 듣곤 했는데 그는 가수 뺨칠 정도로 노래 실력이 뛰어났어요.

노래도 노래지만 정말 율동이 깜찍할 정도로 귀여웠어요. 원 스텝, 투 스텝, 앞뒤로 오가며 신나게 뽑아냈지요. 널찍한

정우성 님은 이날 세상에서 가장 멋진 남자가 되었다.
배우 정우성보다 더 멋진.

홀 저 멀리서 지켜보던 노래방 주인 아주머니가 "브라보!"를 외칠 정도였으니, 짐작하시겠죠? 참, 그날 저희는 밤 열두 시가 넘어서 자리를 떴어요. 아마 노래도 백 곡 가까이 불렀으리라 생각돼요. 노래방 주인의 졸린 눈꺼풀만 아니었다면 '도전 천 곡'도 할 수 있었을 거예요.

제가 정우성 님을 '멋진 남자'라고 하는 까닭은 그가 요즘 특별한 일을 하고 있어서 그래요. 새벽잠을 설쳐가며 시를 쓰고 계시거든요. 짐작하건대 시 쓰는 일이 절대 쉽지 않을 거예요. 한평생을 문학 바깥에서 살아오신 분인데 하루아침에 시가 술술 나오겠어요? 오늘 당장 문단을 뒤흔들 명작을 만들어내지 못하겠지만, 끙끙대며 시 쓰는 모습을 상상만 해도 멋지지 않은가요? 그런데도 제게는 시인 정우성이 배우 정우성보다 훨씬 멋져 보여요.

나이가 들었다고 굳이 '동안'(童顔)이 되려고 애쓰지 말라네요. 대신 '동심'(童心)으로 돌아가라고 하대요. 그래야 세상이 동화 같아진다나요. 저는 동심을 가진 정우성 님 때문에 이 세상이 조금 더 아름다워질 거라고 믿어요.

시 쓰는 남자, 정우성 님을 응원해주세요. 정우성 님은 그냥 아무 데서나 만날 수 있는 그런 남자가 아니에요. 그런 분들이 많아질 때 이 세상은 살맛 나게 될 거예요. 문학 없는 특히 시 없는 세상은 죽은 세상이에요. 전 그렇게 생각해요.

마지막으로 중요한 사실 하나만 알려 드릴게요. 정우성 님은 취미로 권투를 해요. 그래서 그의 주먹을 보기가 무서워요. 혹시나 말을 잘못하면 한 대 맞을 것 같아서요. 그런데도 조금은 궁금하네요. 시인의 주먹 맛은 과연 어떨까. 시처럼 부드럽겠죠?

빈처이대(貧妻二代)

빈처 악습은 내 대(代)에서 끝나야 한다고 다짐한다.
빈처 삼대, 사대로 이어지는 불명예만큼은
단호하게 거절하고 싶다.

어머니는 아버지에게 날마다 오천 원을 받았다. 우리집 하루 식비였다. 손님이 찾아오거나 식구 가운데 누가 생일이라도 맞으면 천 원짜리 몇 장을 더 손에 쥘 수 있었다. 갓 대학생이 된 내 용돈이 하루 이천 원이던 때였다. 그 돈으로 지하철을 타고, 라면을 사 먹고, 남은 돈 얼마를 삼사일 모으면 헌책 한 권을 겨우 얻었다.

오천 원으로 어머니는 여섯 식구의 먹거리를 책임졌다. 동네 구멍가게에서 콩나물과 두부를, 멀리 인천 소래까지 가서 오징어와 게를, 또 아주 가끔은 목에 낀 먼지를 씻어낼 수 있는 삼겹살 두 근을 사다가 식탁에 올렸다. 시집간 큰 누이, 직장 다니던 둘째 누이가 아버지 몰래 도움을 주곤 했지만 하루 오천 원은 턱없이 모자랐다.

어머니는 종종 이렇게 말했다.

"이 세상에서 제일 힘든 게 니 아버지한테 돈 타는 일이다."

아버지도 지지 않고 반박했다.

"니 엄마는 돈 귀한 줄 모르고 펑펑 써서 큰 문제다."

부모님은 늘 이 문제로 티격태격했다. 식비를 올려 달라는 어머니와 하루 오천 원이면 됐지 얼마나 더 줘야 하느냐는 아버지는 그렇게 결론도 나지 않는 입씨름을 하곤 했다.

그때마다 어머니는 눈물을 글썽거리며 "그러길래 누가 신학을 하라고 했어?" 하며 톡 쏴댔다. 아버지는 목사 신분에 대거리를 할 수 없어 죄 없는 현관문을 쾅 소리 나게 닫고 바깥으로 나가버렸다.

내 부모는 북한에서 내려온 피난민 출신이다. 1953년 대구에서 만나 결혼식을 올렸다. 아버지는 스물일곱, 어머니는 스물넷, 숱한 사람이 죽어 나가는 전쟁 통에도 사랑은 꽃피었다.

아버지는 사업 수완이 좋았다. 교회에서 헌금을 가장 많이 낼 정도로 돈도 제법 벌었다. 그렇게 장사 쪽으로 계속 나갔으면 재벌은 못 됐어도 평생 먹고사는 일 때문에 마음 고생은 하지 않았을 거라는 게 어머니의 한숨 섞인 말씀이었다.

나이 서른도 채 안 된 젊은 아버지는 설날이나 한가위 같은 명절이면 이웃 어르신들을 찾아다니며 수건이나 고무신을 선물로 드렸다. 동네 꼬마들에게는 사탕이나 캐러멜을 한두 상자 주기도 했다. 쌀이 없어 끼니를 거르는 사람 얘기를 들으면 돈을 빌려서라도 고기 두서너 근과 쌀 몇 됫박을 몰래 전해줬다. 등 뒤에서 우는 사람을 외면하지 않았다. 당신은 둘째가라면 서러울 정도로 자린고비였지만, 남에게는 각박한 세상에서도 사람 냄새 폴폴 풍기는 인정 많은 옆집 아저씨였다.

그러던 어느 날, 아버지가 폭탄선언을 했다. 신학을 공부해 목사가 되겠다는 것이었다. 그때부터 어머니의 길고 긴 고생이 시작됐다. 빈처일대(貧妻一代), 어머니는 그렇게 아버지와 함께 지낸 반세기를 늘 돈에 쪼들려 살았다. 좋은 화장품 한 번 못 바르고, 비싼 옷 한 번 못 걸쳤다. 당신 이름으로 된 통장은 구경도 못했다.

"니 아버지가 신학만 하지 않았어도…."

이십여 년 전, 나는 국민은행에 근무하는 여자와 결혼했다. 키는 좀 작았지만, 눈이 무척 컸고 피부는 눈처럼 하얬다. 나는 서른, 처자는 스물일곱이었다. 은행에 다녀서 그랬는지 늘 셈이 빨랐다. 내 무딘 경제 관념을 충분히 보완해 줄 수 있는 정신적 경제적 여유를 가지고 있었다.

결혼을 앞두고 아내에게 엄포를 놓았다.

"다른 것은 다 참을 수 있지만, 책 사는 것에 대해 잔소리하면 같이 안 살 줄 알아!"

아내는 이 무지막지한 선언에 가타부타 반응이 없었다. 말이 안 된다고 생각해서 그랬는지 아니면 농담으로 흘려들었기 때문인지 잘 모르겠다. 훗날 닥칠 엄청난 불행을 미리 알았더라면 그때 아내는 결코 무언의 동의를 하지는 않았으리라.

1995년 3월, 두 돌이 채 안 된 어린 아들 한솔이를 데리고 뉴질랜드에 이민을 왔다. 가구와 옷가지, 라면 상자 같은 이민 짐에 칠천여 권의 책을 더했다. 컨테이너 삼 분의 이가 책으로 채워졌다.

처음 손댄 일은 문화원이었다. 아들 이름을 따 한솔문화원으로 정했다. 다들 먹고살기 바쁜 교민 사회에서 뭔가 뜻 깊은 일을 하고 싶었다. 교민 사회에 르네상스를 일으켜 보겠다는 당찬 포부를 공공연히 내비쳤다. 하지만 현실적으로는 돈 한 푼 안 되는 일이었다.

날마다 책이 늘어났다. 오클랜드 지역 신문과 교민 신문에 문화원이 소개돼 나름 명성을 얻기도 했다. '책'하면 내 이름 석 자가 자연스럽게 나올 정도였다. 그렇게 삼십 대를 책에 미쳐 살았다.

아내는 남편의 뜻을 불쌍히 여겨 십여 년간 별 불평 없이 묵묵히 따라줬다. 그러다가도 옆집 한국 사람이 차를 새로 바꿨다거나, 아들내미 친구네 집이 시드니나 발리로 여행을 떠났다는 소식이 들리면 한마디 탄식을 내지르곤 했다.

"당신이 책만 잡고 있지 않았어도…."

그렇게 살아온 세월이 어느덧 스무 해가 넘어간다. 그 사이 사내아이 둘이 더 생겨 식솔은 다섯으로 늘었는데도, 번듯한 집 한 채는커녕 통장 잔액조차 늘 위태롭다. 내일모레면 오십 줄에 이를 아내는 고혈압 등 갖가지 병을 몸에 달고 산다. 하루가 멀다고 병원 출입을 한다. 빈처이대(貧妻二代)로 살다 얻은 화병 때문에 그렇게 된 것이다.

"해진 거들을 다시 꿰매서 입고 다니는 여자는 뉴질랜드에서 나밖에 없을걸."

며칠 전, 아내가 속옷을 갈아입다가 내가 들으라며 일부러 한 소리였다. 난 아무 말도 안 했다. 아니, 못 했다.

'그까짓 것 새것 하나 사 입으면 될 것 아냐?' 하며 버럭 고함이라도 쳤어야 했는데 차마 그럴 수 없었다. 대신 차를 몰고 바깥으로 나갔다.

다섯 해 암 투병 끝에 이국땅, 뉴질랜드에서 돌아가신 아버지는 임종을 앞두고 내게 여자(아내)를 지혜롭게 상대하는 비법 하나를 알려줬다.

"잘 기억해둬라. 여자는 지갑이 비어 있으면 잔소리를 하게 돼 있어."

아버지는 오십 년치 보너스를 빈처일대 어머니에게 남겨 드렸다. 식구들 몰래 한 푼 두 푼 모으신 돈을 풀어 놓았다. 통크게 어머니 지갑을 채워주고 하늘나라로 가셨다.

그렇다면 나는…. 빈처이대, 아내에게 무엇을 해줄 수 있을까? 그동안 밀린 이십 년 연봉을 한꺼번에 해결해 줄 능력도 없고, 앞으로 돈 버는 일에만 집중해 호기롭게 황금빛 거들을 수십 벌 사줄 자신도 없다.

그나마 빈처 악습은 내 대(代)에서 끝나야 한다고 다짐한다. 빈처 삼대, 사대로 이어지는 불명예만큼은 단호하게 거절하고 싶다.

* 이 글은 2015년 〈주변인과 문학〉 수필 부문 가작 당선작이다.

성실이 언니

아버지 소천을 축하한다며 제 평생 최고의 음을 뽑아냈다.
상상해 보시라.
그 엄숙하면서도 기쁨에 찬 이별의 장면을.

내 둘째 언니 이름은 박성실. 1957년 1월생으로 나와는 여섯 살 차이가 난다. 중고등학교 급훈에 곧잘 쓰는 그 '성실'(誠實)은 아니다. '거룩할 성'(聖)에, '열매 실'(實)을 쓴다. '하나님의 거룩한 열매가 되어 살라'는 뜻으로 아버지가 지은 이름이다. 키는 162cm, 한국 여자 키 평균은 된다.

성실이 언니는 나와 성격이 비슷하다. 다섯 형제 가운데 나머지 셋은 걸걸한 아버지 유전자를 물려받았고, 이 언니와 나는 유순한 엄마 유전자를 이어받았다. 형제 중 가장 인물이 좋다. 처녀 때는 남자들이 한 20m씩 줄을 서기도 했다. 잘 울고, 잘 흥분한다. 농담을 좋아하고 때로는 정신을 헤벌리고 다닌다. 푼수 티, 바보 티를 즐겨 낸다. 그렇다고 진짜 바보는 아니다. 바보처럼 산다는 뜻이다.

이 언니는 나랑 함께하는 추억이 많다. 성(性)은 달랐지만 같은 방을 쓴 적이 있어서 그렇다. 이제부터 우리 남매의 추억담을 들려주겠다. 그냥 눈이 가는 대로 읽으면 재밌고, 마음을 움직여 읽으면 조금은 슬픈 얘기다.

추억 하나, 남매 민화투 도박 사건

아버지는 개척 교회 목사였다. '개척'만 하느라 언제나 집안 살림이 궁핍했다. 방도 한 개 또는 두 개로 버텨냈다. 부모님과 두세 살 터울의 다섯 형제가 살기에는 늘 공간이 좁았다. 내가 초등학교 4학년 때에는 흥부네 가족처럼 한 방에서 일곱 명이 칼잠을 자기도 했다.

중학교 2학년 때였던 걸로 기억한다. 무슨 까닭이었는지 모르지만 성실이 언니와 나만 따로 방을 얻어 산 적이 있다. 부모님과 다른 형제가 살던 집에서 몇 백 미터 떨어진 곳이었다. 텔레비전도 없어 딱히 놀 게 없었다. 직장 초년생이었던 언니는 퇴근 뒤 긴긴밤을 나와 함께 보냈다. 잠자리에 들기 전 우리는 시간 죽이기 게임을 했다. 바로 민화투였다.

자정이 다 되도록 화투 패를 쪼았다. 비풍초똥팔삼…. 광은 20점, 열은 10점, 띠는 5점을 얻을 수 있는 게임이었다. 원래는 셋이나 넷이 어울려 치는 놀이지만 단둘이 치다 보니 점수가 몇 백 점까지 올라가기도 했다. 물론 돈내기였다. 점당 1원. '외상에 소도 잡는다'고 하룻밤새 수백 원이 오갔다. 현찰이 없어 늘 장부에 달아놨다. 종종 언니가 따기도 했지만 승자는 주로 나였고, 언니 월급날이 정산 일이었다. 언니가 아직 못 갚은 돈이 있다. 일금 1,850원. 난 아직도 그 금액을 정확히 기억한다. 도박 빚을 이부 이자로만 따져도 오늘날 돈으로 계산하면 기백만 원은 족히 될 것이다.

밤 늦게까지 씩씩거리며 한 민화투도 재미있었지만 더 추억에 남는 것은 언니의 속옷이다. 화투를 칠 때마다 언니와 나는 속옷 차림이었다. 둘 다 거추장스러운 것을 싫어해 늘 다 벗고 판을 벌였다. 언니는 하얀 브라자에 촌스러운 장미꽃 문양이 새겨진 '빤스'를 즐겨 입었다. 내가 도통 수컷으로 안 보였는지, 스무 살 처자는 그 찰진 엉덩이를 벅벅 긁어가며 사내 동생과 '꽃 싸움판'을 벌였다. 상상해 보시라. 두 평 공간에서 펼쳐진 에로틱한 장면을.

추억 둘, 결혼식 '무(無) 신발' 입장 사건

언니는 스물일곱 살에 '겨우' 결혼했다. 내 용돈 줄이 끊겼다는 뜻의 다른 말이다. 그전까지 언니는 뭇 남자의 구애를 물리쳤다. 자르르 윤기 도는 얼굴 하나 믿고 언제나 기고만장했다. 그러다가 스물여섯이 넘어서자 남자들 발길이 사라졌다. '늙었다'는 표시였다. 언니는 조바심을 노골적으로 드러냈다. 몇 번에 걸친 중매 끝에 한 남자를 골랐다. 지금의 남편, 그러니까 내게는 둘째 매형이다.

매형의 키는 160cm가 채 안 된다. 언니는 결혼을 앞두고 고민이 많았다. 신랑감의 키 때문이었다. 그런데도 결혼을 결정한 까닭은 남자가 독실한 기독교인이라는 점이었다. 은행 융자금 한 푼 안 섞인 알짜배기 스물네 평 아파트를 갖고 있었고 서른 살 사내치곤 동안이었지만 언니는 속물로 비칠까봐 그런 걸 자랑삼지 않는다.

1984년 5월 어느 날, 언니는 결혼식을 치렀다. 축제의 그 날 나는 봐서는 안 될 것을, 아니 보지 말아야 할 것을 보고 말았다. 언니는 신랑 키에 맞추려 어깨를 약간 숙였고, 고무신도 안 신고 결혼 행진곡에 맞춰 양탄자를 밟았다. 새 신부 성실이 언니의 얼굴은 웃는 듯했지만, 웨딩드레스 밑에 숨겨져 있던 맨발은 꺼억꺼억 울고 있었다. 상상해 보시라. 그 웃픈(우습고도 슬픈) 장면을.

추억 셋, 급조된 정신병 환자 사건

언니는 뉴질랜드 영주권을 무척 힘들게 얻었다. 뒤집어 말하면 뉴질랜드에 살면서 고생을 많이 했다는 뜻이다. 우리 집에 홈스테이(하숙) 형식으로 아들을 보낸 언니는 그 아들이 보고 싶어 눈물로 지샜다. 그러다가 어느 날 가족과 함께 이곳에 쳐들어왔다. 영주권도 없이…. 워낙 믿음이 좋아 하나님이 분명히 도와주실 거라고 생각했다.

집에서 도시락을 만들어 시내 영어학원에 납품했다. 새벽 다섯 시에 일어나 밤 열한 시까지 일했다. 그 사이 이런저런 방법으로 영주권을 신청했지만, 번번이 기각을 당했다. 그렇게 오륙 년이 흘렀다. 언니는 지칠 대로 지쳤다. 그러다 어디서 귀가 솔깃한 정보를 하나 들었다. 얼치기 이민업자가 흘린 인도주의 차원(Humanitarian)의 영주권 신청이었다.

언니는 난데없이 정신이 나간 여자가 돼야만 했다. 산발로 풀어헤친 머리에 들꽃 한 송이 꽂고 뜻 모르는 웃음을 피식피식 날려 연민을 사는 그런 여자 말이다. 영주권 때문에 스트레스를 너무 많이 받아 모두가 좀 이상해진 탓이었다, 그때는 물론 지금도 이해할 수 없는 신종 카테고리였다. 나와 형, 여동생, 부모님 등 시민권과 영주권을 가진 박씨네 온 가족이 눈물의 호소를 해야만 했다. '불쌍한 우리 성실이 언니 좀 살려달라고….' 부모 형제가 총동원된 그 노력도 소용이 없었다. 이민부의 기각 편지를 받은 언니 왈, "하나님이 원하신 길이 아니었나벼." 상상해 보시라. 그 믿음에 찬 허탈한 장면을.

추억 넷, 아버지 소천 축하 사건

언니는 나와 함께 다섯 해를 힘들게 암 투병을 하신 아버지 수발을 들었다. 형과 여동생은 호주(시드니)로 이민을 떠났고, 큰 언니는 한국에서 과년한 자기 딸내미와 살고 있었다. 나는

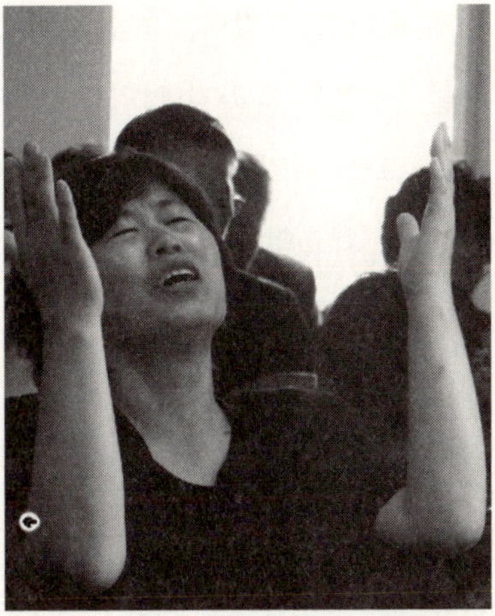

성실이 언니는
아버지 장례예배 때 눈물을 흘리지 않았다.
대신 찬양으로 주님께 아버지 영혼을 부탁했다.

주로 남자 일을 했고(병원 통역이나 행정 일 따위), 언니는 주로 여자 일을 했다.(환자 비위를 맞춰주거나 이야기를 들어주는 일 따위)

2009년 2월 8일, 아버지가 세상을 떠났다. 기독교 표현으로 하자면 '하나님의 부름을 받았다.' 한자로는 소천(召天). 아버지 장례예배 때 우리 형제는 색다른 의식을 준비했다. 송가(送歌)를 자식들이 직접 부르기로 한 것이다. 한국에 살던 큰언니는 비행기 시간이 안 맞아 장례식이 끝날 때가 돼서야 겨우 오클랜드에 도착했다.

네 형제가 관 속에 누워 있는 아버지에게 들으라는 듯이 힘차게 송가를 불렀다. 죽음 너머 그 세계를 확실히 아는 우리는 눈물 한 방울 흘리지 않았다. 한때 성악가를 꿈꿨던 성실이 언니는 그중 제일 목소리를 높였다. 아버지 소천을 축하한다며 제 평생 최고의 음을 뽑아냈다. 상상해 보시라. 그 엄숙하면서도 기쁨에 찬 이별의 장면을.

이즈음에서 성실이 언니 '쌩얼'을 만천하에 공개한다. 아버지 장례예배 때 찍은 컷이다. 아버지가 돌아가신 뒤 언니는 가족과 함께 시드니로 떠났다. 물론 그 전에 합법적으로, 하나님이 기도를 들어주셔서 영주권을 얻었고, 몇 해 뒤 시민권까지 취득했다. 언니는 그곳에서 환갑이 넘은, 여전히 키가 작은 매형과 함께 열심히 쓸고 닦고 있다. '방방곳곳'을 돌면서 말이다.(아직 눈치를 못 챈 독자를 위해서 한마디. 집 청소 일을 한다는 말이다.)

앞으로 몇 번이나 언니를 만나볼 수 있을지 모른다. 둘 중 한 명이 뉴질랜드와 호주 사이에 있는 태즈메이니아 해협을 건너야만 얼굴을 볼 수 있다. 언니와 나를 이어주는 엄마마저 세상을 떠나면 그 가능성은 점점 더 줄어들 게 분명하다. 그런데도 성실이 언니는 늘 내 마음속에 살아 있을 것이다.

셸 위 댄스?

내 친구 연옥이의 춤 동작은 좀 세련되어졌을까?
영숙이는 집 없는 어른과 그 자식의 마음속에 묻혀 있는 한(恨)을 이해할 수 있을까?

갑자기 춤을 추고 싶을 때가 있다. 왈츠처럼 우아한 춤 말이다. 외국 영화를 보다 보면 종종 멋진 춤 장면이 나온다. 대부분 주인공 여자와 그 상대역이 스포트라이트를 받는다. 나머지는 다 주인공을 돋보이게 해주는 엑스트라다. 신나거나 황홀한 음악이 발동작과 손동작 사이에 스며든다. 바라보는 것만으로도 구름 위에 떠 있는 기분이다. '나도 저런 춤을 한번 춰 봤으면…' 하는 생각이 절로 든다.

톨스토이의 소설『안나 카레니나』를 영화로 읽었다. 상류 사회의 매력 넘치는 귀부인 안나가 무도회장에 들어선다. 그때 한 젊은 장교가 웃음을 띠며 안나에게 묻는다.

'셸 위 댄스?'

그 청년은 말로 하지 않는다. 눈빛만 전할 뿐. 안나의 마음이 흔들린다. 어느새 그 여자의 손이 청년의 허리를 휘감는다. 원 스텝 투 스텝…. 사랑은 그렇게 그들의 마음속에서도 춤을 춘다.

빌리 조엘의 노래, 〈피아노 맨〉을 유튜브로 들었다. 술 한 잔 걸친 빌리가 피아노 건반을 흥겹게 두드리며 직접 노래를 부른다. 가슴을 훤히 드러낸 여자, 푸짐한 엉덩이를 씰룩거리며 걷는 여자 사이로 선남선녀들의 막춤이 펼쳐진다. 선술집 남정네들의 눈초리가 끈적끈적하다.

뚱뚱한 바텐더의 익살스러운 표정이 유독 눈길을 끈다. 턱살이 목까지 넓게 이어져 있다. 그는 거울을 보며 주먹을 날린다. 그러곤 씩 웃는다. 인간미가 느껴진다. 전당포 주인 같이 생긴 키 작고 늙수그레한 남자가 술집 여자 가슴골을 훔쳐본다. 휴가 나온 해군 병사는 장황하게 군대 무용담을 늘어놓는다. 술로, 음악으로, 춤으로 모두 하나가 된다. 토요일 저녁 아홉 시 선술집 풍경이다.

내가 처음 춤바람이 났던 때는 중학교 3학년 까까머리 시절이다. 서울 변두리, 잘날 것도 없고 못날 것도 없이 다 고만고만하게 살던 시절이었다. 기역(ㄱ) 자 꼴로 지어진 우리 집, 아니 우리가 살던 집은 유독 마루가 넓었다. 지금 생각해 보면 대 여섯 평도 안 되는 좁은 공간이었지만 그때는 이상하게 넓어 보였다.

우리 식구는 방 두 칸을 전세 내 살았다. 기역 자 앞쪽이 부모님 방, 끝 쪽은 형제들 방이었다. 일찍 철(?)이 들어 독립생활을 하던 큰 누이를 뺀 네 형제가 한 방에 오글오글 몰려 지냈다. 그래도 남녀 구별은 한다고 방 가운데를 큼직한 커튼 하나로 가렸다. 책상도 없고 옷장도 없는 그냥 어설픈 방 모양의 공간이었다.

집 가운데 볕이 잘 드는 곳은 주인 몫이었다. 안방에는 주인집 내외가, 건넌 방에는 그 집 자식들이 둥지를 틀었다. 아들 하나에 딸 셋, 나이는 다들 우리 형제 또래였다. 나보다 대여섯 살 어렸던 남자애 이름은 생각이 나지 않는다. 딸 셋은 정확히 기억한다.

큰딸 이름은 김연실, 나보다 여섯 살이 많았다. 내 둘째 누이와 동갑이다. 사각형 얼굴에 광대뼈가 좀 튀어나왔고 말투가 거칠었다. 시골 선머슴처럼 생겨 여자다운 매력이 별로 없었다.

둘째 딸은 연옥. 끝에 '옥'(구슬) 자가 들어가는 촌스럽기 짝이 없는 이름을 지녔다. 1961년생으로 나보다 두 살이나 많았지만, 학년은 같았다. 시골에서 몇 해 꿇다 와서 그랬다는데, 그냥 이성적인 감정은 전혀 없이 친구로 지냈다. 얼굴이 예쁜

편은 아니었지만 몸매만큼은 섹시했다. 엉덩이가 튼실해서 더욱 그렇게 보였을 것이다.

막내딸은 영숙. 우리 엄마 이름과 같아 함부로 부르기 힘들었다. 나보다 두 살 정도 어렸다. 큰 눈에 오뚝한 코, 말투도 가녀려 주인집 딸내미 셋 중 가장 예뻤고 또 여자 티가 났다. 한 배에서 전혀 다른 종(?)이 나올 수 있다는 게 신기했다.

영숙이 얘기를 조금만 더 하겠다. 슬픈 추억이 있어 그렇다. 영숙이는 예쁜 티를 좀 이상하게 냈다. 이를테면 이런 식으로 말이다.

나와 영숙이는 나이 차이가 별로 안 나다 보니 별 중요한 것도 아닌 거로 종종 말싸움을 했다. 하도 오래전 일이라 이유는 전혀 생각이 안 난다. 영숙이가 전가의 보도처럼 내미는 것은 "셋방 사는 주제에…" 였다. 어른들 같은 계급적 뜻을 담은 표현은 아니지만 남의 집에 얹혀 사는 나에게 말싸움에서 지기 싫은 속내를 드러내는 말이었다. 하루는 그 말을 듣고 너무 화가 나 몇 대 때려주려고 골목길을 쫓아다녔던 기억이 난다. 끝내 치맛자락을 잡지 못하고 허탕을 쳤는데, 씩씩거리며 들어오는 나를 보며 또 다른 영숙이, 어머니께서 애써 화를 삭이며 서러워하시던 게 떠오른다.

이제 춤 얘기를 해야겠다. 주인집 거실 마루는 근사한 무도회장까지는 못 됐지만, 적어도 고고장 한 귀퉁이 역할은 했다.

어른들이 모두 집을 비운 사이, 주인집과 셋집 형제들은 신분에 상관없이 한자리에 모였다. 쿵쾅쿵쾅 전축에서 흘러나오는 록 음악을 반주 삼아 몸을 흔들어댔다. 성실이 누나와 집주인 큰딸 연실이 누나는 나이트클럽 춤 연습을 위해, 나와 연옥이는 고고장을 갈 수 없는 아쉬움을 달래기 위해서였다. 그리고 새침데기 영숙이는 언니오빠들의 세계를 훔쳐보려고 막 솟아나기 시작한 가슴을 비비 틀었다.

무대 위는 다섯 명이 흘린 땀과 꼬인 스텝으로 뒤범벅이었다. 막춤도 예의를 갖춰 추다 보니 생긴 것이었다. 고민 끝에 다이아몬드 스텝, 이차방정식 스텝, 도레미 스텝 같은 별별 춤 동작을 만들어냈다. 몸만 흔들면 되는 게 춤이라고 생각하던 원시인의 사육제에서, 제법 질서를 갖춘 현대인의 사교 축제로 바뀌는 순간이었다.

연실이 누나는 누구보다 춤에 더 열중했다. 마침 사귀기 시작한 남자 친구와 나이트클럽에 가기 위해서였다. 춤의 'ㅊ'자도 모르는 내가 단지 남자라는 이유 하나만으로 춤 동작을 알려줬다. 그래 봐야 엘비스 프레슬리의 경쾌한 풋 스텝 몇 가지를 흉내 낸 것이지만, 찬밥 더운밥 가릴 형편이 아니었던 연실이 누나는 연신 엉덩이 두 짝을 신나게 놀려댔다.

나보다 공부를 훨씬 잘했던 연옥이도 내게 춤 교습을 받길 원했다. 수컷이라고는 나밖에 없었기 때문에 할 수 없이 "셸 위 댄스? 부기부기, 오케이?" 하며 장난기 가득한 손을 내밀었다. 나는 음악에 맞춰 몸을 이리저리 흔들면서도 정작 춤에는 관심이 없었고, 연옥이의 출렁이는 가슴만 몰래 훔쳐봤다. 마치 춤바람은 그래야 하는 것처럼.

연실이 누나, 연옥이 그리고 새침데기 영숙이는 무엇을 하며 살고 있을까? 칠십 년대 후반, 서울 변두리 기역 자 집 거실 마루에서 셋집 자식들과 함께 막춤을 추던 추억을 간직하고 있을까? 내 친구 연옥이의 춤 동작은 좀 세련되어졌을까? 영숙이는 집 없는 어른과 그 자식의 마음속에 묻혀 있는 한(恨)을 이해할 수 있을까? 서른 해가 훨씬 지난 옛일이지만 춤을 추던 추억 하나만으로도 모든 것이 정겹다.

내 나이 이제 오십 대 중턱. 몸이 굳어 멋진 춤을 추기 쉽지 않다. 홍대 인근 클럽에서 받아 줄 것도 아니고, 오클랜드 고고장에서 들어오라고 손짓하지도 않을 것이다. 그렇다면 갈 수 있는 곳은 서민들의 애환을 들어주는 선술집. 현란한 사이키 조명은 없어도 술잔 사이로, 음악 사이로 그리고 막춤 사이로 내 인생의 짐을 떨어내야겠다.

그래도 기분만은 그 누군가에게 "셸 위 댄스?" 하며 호기롭게 손을 내밀고 싶다.

그림엽서 한 장

"내가 만난, 생각대로 살려고 하는 몇 안 되는 분"이라는
글이 눈에 들어온다.
엽서에 쓰여 있는 글자 한 자 한 자가 왈츠를 추듯 살아 있다.

그림엽서 한 장을 본다. 프랑스 화가 에드가 드가의 〈공연전〉이라는 제목의 유화가 그려져 있다. 숲속 무도회. 예닐곱 명의 처녀가 우아하게 춤을 춘다. 지상에 디딘 맨발이 조심스럽게 날아오를 자세다. 나비처럼 훨훨 날아갈 것만 같다. 선물로 받은 책 안에 수줍게 들어 있던 엽서다.

"내가 만난, 생각대로 살려고 하는 몇 안 되는 분"이라는 글이 눈에 들어온다. 엽서에 쓰여 있는 글자 한 자 한 자가 왈츠를 추듯 살아 있다. 몇 줄 안 되는 내용이지만 글로도 표현을 못한 따듯한 마음이 행간에 묻어 있다.

얼마 만인가. 그림엽서를 받고 한동안 상념에 잠긴다. 이 삭막한 시대에도 손 글씨로 쓴 엽서를 보내주는 사람이 있다니. 한 손에 쥐고 있던 스마트폰을 가만히 내려놓는다. 딱 엽서 반 크기의 직사각형 기계가 갑자기 흉물처럼 느껴진다. 그 많은 정보, 그 빠른 소식이 무슨 그리 큰 뜻이 있을까?

오래전 한 '소녀 할머니'를 알게 됐다. 그가 펴낸 수필집을 내가 일하던 신문사에 서평 형식으로 소개했다. 서평이 맘에 들었는지 나를 집으로 초대해 융숭한 대접을 해 주었다. 그분은 〈전처기〉, 〈후처기〉라는 작품으로 유명한 소설가 임옥인 선생님이다. 한국 문단에서 일 세대 여성 작가로 꼽히는 분이다. 고희가 훌쩍 넘으셨지만, 기억력만큼은 이십 대 젊은이못지 않으셨다. 신문에 연재하던 원고지 일곱 장 분량의 고정 칼럼을 토씨 한 자 틀리지 않고 외울 정도였다.

임옥인 선생님은 나를 종종 집으로 불렀다. 젊은 기운을 받고 싶어서 그랬는지도 모른다. 붙임성이 별로 없는 내가 임 선생님에게 할 수 있는 최고의 말은 "건강은 좀 어떠세요?", "식사는 하셨어요?" 같은 형식적인 몇 마디에 불과했다. 임 선생님도 별 말씀이 없으셨다. 그냥, 씩 웃기만 하셨다.

한 시간 정도 지나 집을 나서려고 하면 임 선생님은 책갈피에 보관해 놓고 있던 만 원짜리 몇 장을 건네며 "박 기자, 내가 박 기자 좋아하는 거 잘 알지? 책이나 사 봐"라고 다정스럽게 말씀하셨다.

임 선생님은 큰 병은 없으셨지만 거동이 쉽지는 않으셨다. 외출도 거의 안 하셨다. 늘 말씀 대신 어린 여자아이 같은 천진난만한 웃음을 지으셨다. 나는 그의 애잔한 눈초리와 흔들리는 입술을 보고 마음을 짐작했다. 가는 세월을 어떻게 하든 멈추고 싶으셨던 것 같다.

내 오랜 꿈이었던 세계 일주를 앞두고 인사를 하러 갔다.

"선생님, 제가 내일모레 긴 여행을 갑니다. 잘 다녀오겠습니다. 선생님도 건강하세요."

임 선생님은 미리 준비해 놓은 듯 흰 봉투 하나를 내밀었다.

"여행하다가 내 생각나면 엽서나 한 장 보내줘."

봉투 겉에는 '사랑하는 박성기 기자에게'라는 글씨가 큼지막하게 쓰여 있었다. 봉투 안 십만 원짜리 수표 세 장은 임 선생님의 작은 뜻, '촌지'(寸志)였다.

외국여행을 하다가 잔돈이 생기면 습관적으로 그림엽서를 샀다. 그중 가장 예쁜 엽서를 골라 선생님께 보냈다. 태국 푸켓의 불교 사원, 네팔 카트만두의 힌두교 수도자, 프랑스 파리의 노트르담 성당, 아프리카 케냐의 사파리 등 전 세계 사십여 나라를 여행할 때마다 소녀 할머니를 생각하며 정성껏 소식을 전했다.

커피점에서, 선술집에서, 배낭족 숙소에서, 기차역 대기실에서 그림엽서를 썼다. 슬펐던 일, 힘들었던 일, 재미있었던 일이나 우연히 만난 현지인에 얽힌 일과 그 나라의 풍습을 전

해드렸다. 일종의 여행 비망록이었다.

그 사이 틈틈이 미스 어린이 롯데 출신의 아홉 살 어린 B양에게도 엽서를 띄웠다. B양은 몇 해 전 교회 성극을 지도할 때 만난 제자였다. 내가 살아 있다는, 너를 그리워하고 있다는 표시였다. 스마트폰은 물론 노트북 컴퓨터도 없던 그 시절, 나와 그가 교감할 수 있는 유일한 방법이었다.

내 감정이, 그리움이 한 주 또는 한 달 뒤 그에게 전해졌다. 한 장의 그림엽서가 대서양을 건너면서, 고비 사막을 지나면서 어떻게 풍화되었는지는 잘 모른다. 그저, 수천 리 수만 리 떨어진 그 어디에서 한 남자가 열아홉 살 '꽃처녀' 당신을 생각하고 있다는 것을 알려주고 싶었다.

세계 일주를 마치고 고국으로 돌아왔다. 여독이 풀리자마자 이집트에서 산 파피루스 한 장을 표구로 만들어 임옥인 선생님을 찾았다.

"선생님, 저 왔습니다. 염려해 주신 덕분에 무사히 잘 다녀왔어요. 건강하시지요?"

임 선생님은 평소처럼 별말씀이 없었다. 그저 반가운 마음에 눈빛을 전보다 조금 더 빛내 보이셨다. 꽃무늬 문갑을 열고 무언가 꺼내 놓으셨다. 내가 보내드린 그림엽서 묶음이었다.

"박 기자, 고마워. 덕분에 나도 세계 일주했어."

B양을 명동 롯데리아에서 만났다. 오랜만에 다시 그 예쁜 얼굴을 봤지만, 나이 차이가 너무 커 애인 느낌이 전혀 들지 않았다. 지금 생각하면 세 살, 아니 여섯 살 차이만 났어도 정말로 사랑했을 것이다. 흔히들 나이는 숫자에 불과하다고 하지만 스물다섯 해 전 그때는 넘을 수 없는 벽이었다.

"혼자만 갔다 와서 미안해. 향수라도 하나 사 왔어야 했는데…."

"선생님, 보고 싶었어요. 보내주신 그림엽서는 잘 간직하고 있어요."

뉴질랜드로 이민을 가기 얼마 전, 중환자실에 입원해 계신 임옥인 선생님을 병문안했다. 안타깝게도 노환으로 죽음의 문턱에 서 계셨다.

"선생님, 저 박 기자예요. 제가 다음 주 뉴질랜드에 이민을 가요. 선생님을 위해 기도할게요. 그림엽서도 보내드릴 테니 빨리 회복하세요."

임옥인 선생님은 정신이 나간 듯이 멀뚱히 천장만 쳐다보고 계셨다. 나는 몇 방울의 눈물로 작별 인사를 대신했다. 병실을 나서려는데 간병인이 봉투를 내밀었다. 임 선생님에게 받은 마지막 용돈이었다.

뉴질랜드에 도착한 뒤 일주일이 지나 선생님의 부음을 들었다. 내게는 늘 해맑은 표정의 소녀 할머니이기만 했던 임옥인

선생님은 뉴질랜드 초원의 양떼 그림엽서 한 장을 못 받고 그만 하늘나라로 가셨다.

B양에게는 한마디 인사도 못 하고 떠났다. 나에게는 아내와

뉴질랜드 코로만델 여행을 갔다가 예쁜 우체통을 보았다.
이 우체통에 이런 저런 사연을 담은 편지가 많이 들어 있었으면 좋겠다.

두 돌짜리 어린 아들이 있었다. 내 생애 가장 슬픈 이별을 겪으며 그에게 엽서를 띄웠다. 그가 내 마음을 받았는지 모른다. 그저 애써 나를 달래려 그런 식으로나마 몸부림쳤을 뿐이다.

내일은 예쁜 그림엽서를 한 장 사야겠다. 몇 줄의 글이라도 마음속 깊이 살아있는 감정을 담아 보고 싶다. 이메일이나 문자메시지 같은 몇 분 몇 초 안에 감정이 전해지는 그 삭막한 방법 말고, 몇 날 몇 주가 걸리더라도 하늘 아래 그 어느 공간에서 잠시 쉬었다, 춤추다 가는 그런 방법으로 말이다.

하늘나라에 계신 소녀 할머니 임옥인 선생님께 보낼까? 아니면 주소도 알 수 없는 아홉 살 어린 B양에게 보낼까? 그림엽서 한 장, 바다에 띄워 놓으면 파도가 그 누구에게라도 전해주겠지.

따순 밥 한 그릇

잘 만들어진 밥보다, '따순 밥'을 먹어야 한다.
그래야 세상이 따듯해진다.
따순 밥에서 솔솔 퍼지는 그 기운(김)으로 남은 생을 살고 싶다.

울 엄마는 평소에 쓰고 계시던 전기밥솥을 별로 맘에 안 들어 했다. 몇 달 동안 "압력밥솥, 압력…" 하시곤 했는데 난 그때마다 "교민 신문에 중고가 나오면 하나 사 드릴게요." 하며 달랬다. 그 말이 나온 지 반년이 지났는데도 밥솥을 구하지 못했다. 내 게으름 탓이다.

두 달 전에야 압력밥솥을 하나 사 드렸다. 중고가 아닌 새것으로. 그것도 육인용이 아닌 무려 팔인용으로 마련해 울 엄마 식탁에 턱 올려 드렸다. 오랜만에 기백 달러로 생색을 냈다.

"아니 돈도 없는데 웬 밥솥이니? 내가 해 먹으면 얼마나 해 먹는다고…. 그냥 쓰던 것 써도 되는데."

그러면서도 "야, 요즘은 압력밥솥이 참 잘 나오는구나. 죽도 해 먹을 수 있고…." 하며 좋아하셨다.

그다음 주, 평소 하던 대로 엄마 집에 들렀다.

"밥솥은 잘 쓰시고 계세요?"

"야, 불편해 죽겠다. 삼십 분을 이것저것 눌러도 밥이 되지 않는다. 너무 복잡해서 못 쓰겠다."

성능이 너무 좋아도 문제였다. 그냥 취사 기능만 있으면 될 텐데, 백미 현미 영양죽에다 예약 재가열 등 메뉴의 항목이 이해하기 어려울 만큼 많다 보니 엄마는 밥솥을 한 번도 사용하지 못했다. 문명의 이기는 꿀단지처럼 식탁 위에 고스란히 보관되어 있었다.

"네가 괜히 샀나 봐…. 집에 가지고 가서 써라. 내가 다 늙어서 뭐 이렇게 좋은 게 필요하겠니?"

그 뒤에도 주마다 한두 차례 엄마 집을 찾아가곤 했는데도 '찰기가 입에 짝짝 붙는다'는 압력밥솥 밥맛을 볼 수 없었다. 대신 밥맛은 좀 덜해도, 딱 이인 분만큼의 쌀만 씻어 정성껏 지은 전기밥솥 밥을 먹어야 했다.

나는 울 엄마가 왜 압력밥솥을 애타게 찾았는지 안다. 어떻게든 더 맛있는 밥을 내게 먹이고 싶어서다. 콩과 팥이 알맞게 들어가 색깔까지 맛있는 전기밥솥으로 지은 밥맛도 훌륭한

데 울 엄마는 늘 그보다 더 맛있는 밥을 만들어 내놓고 싶어 하셨다.

'밥솥' 하니까 어린 시절 우리 집만의 밥 보관소가 떠오른다. 1970년대 초, 경기도 포천시 이동면 도평리에 살 때의 추억이다. 엄마는 늘 가마솥에 군불을 지펴 밥을 하고 '스뎅' 그릇에 담아 장롱 이불 속에 넣었다. 혹시나 밥이 식을까 봐 그렇게 보관하신 것이었다. 멀리 어디를 가셨다가 늦게 돌아오실 아버지를 위한, 또 밤늦게까지 씩씩대며 친구들과 구슬치기를 하다 밥시간을 놓칠 큰아들을 위한 엄마만의 묘책이었다. 가끔가다 밥이 숨겨져 있는 것을 모르고 이불을 꺼내다 그 귀한 밥알이 사방에 흩어졌던 기억도 난다. 그러면 한바탕 난리를 치듯 밥알과 전쟁을 치러야 했다.

구들장 아래도 밥 보관소로 큰 역할을 해냈다. 파란 보자기에 밥 몇 그릇을 꼭꼭 싸매 방에서 열기가 가장 뜨겁게 살아있는 구들장에 보관하곤 했다. 포대기를 걷고 뜨거운 밥뚜껑을 조심스럽게 열면 하얀 김이 방 안 가득 찼다. 그 밥에 버터 한 숟갈 푹 퍼서 넣고, 조선간장을 알맞게 뿌려 쓱쓱 비비면 열 가지 반찬도 부럽지 않았다. 밥이 목에 신고도 하지 않고 배 속으로 직행했다. 밥맛이 꿀맛, 아니 꿀맛보다 더 맛있었다.

1970년대 산업화 시대를 넘어 80년대에 들어서면서 먹고사는 문제가 좀 나아졌다. 적어도 끼니를 고민하지 않았다. 어떤 반찬을 만들어 먹고 사느냐가 이야깃거리였다. 달걀이 식탁에 올라오는 거나 낱장 김을 굳이 삼십이분의 일로 자르지 않고 십육분의 일, 팔분의 일로 잘라 먹는 것쯤은 이제 부러운 일이 아니었다. 가끔 가다가는 삼겹살과 불고기가 식탁에 올라와 입을 즐겁게 했다.

1970년대 월남에서 돌아온 새까만 김 상사가 트랜지스터라디오를 사 왔듯, 80년대에는 좀 먹고산다고 티 내는 '싸모님'들이 일본산 '코끼리 밥솥'을 너도나도 사들였다. 콧소리로 "밥맛은 밥솥이 만들어주데요." 하면서.

여든이 훌쩍 넘으신 울 엄마는 '코끼리 밥솥'도 모르고, '쿠쿠 압력밥솥'도 잘 모른다. 그냥 맛있게 만드는 밥솥만 안다. 그것이 '천냥 하우스'에서 사 온 노란 양은 냄비든, 취사와 보온 기능만 되는 십 년 쓴 사인용 밥솥이든 상관 없다. 그저 사랑하는 사람들이나 뉴질랜드에 하나 남아있는 피붙이 아들과 맛있게 먹을 수 있는 밥솥이면 된다. 따순 밥 한 그릇은 기백 달러짜리 신형 밥솥에서 나오는 게 아니라는 것을 누구보다 잘 알고 있기 때문이다.

잘 만들어진 밥보다, '따순 밥'을 먹어야 한다. 그래야 세상이 따듯해진다. 따순 밥에서 솔솔 퍼지는 그 기운(김)으로 남은 생을 살고 싶다.

참, 문제가 하나 있다. 울 엄마에게 선물로 드린 쿠쿠압력밥솥을 어찌하면 좋을까? 방법을 알려주시면, 내가 밥 한 번 사겠다. '따순 밥'으로.

연극이 끝난 뒤

좋은 연극, 나쁜 연극에 대한 호불호는 없다.
그냥 '연극'이면 된다.
그것도 관람자 수보다 출연자 수가 더 많으면 좋다.

나는 연극배우가 되고 싶었다. 대학 일 학년 때, 강태기가 주연한 《에쿠우스》를 보고 연극만큼 멋진 예술은 없다고 생각했다. 그의 열 가지 말투, 백 가지 표정이 나를 연극의 마력에 빠지게 했다. 울리고 웃기는 두 시간의 연극이 끝난 뒤, 나는 '인생은 한 편의 연극'이라는 사실을 실감했다.

지금은 고인이 된 추송웅이 원숭이로 분해 출연한 《빨간 피이터의 고백》을 삼일로 창고극장에서 봤다. 말 그대로 창고 같은 공간에서 추송웅은 원숭이처럼 훌쩍훌쩍 뛰어다녔다. 그의 연기는 신들린 듯했다. 텔레비전이나 영화에서 보던 연기자의 밋밋한 감정이 한 치도 느껴지지 않았다.

《칠수와 만수》를 연세대 앞 극장에서 관람했다. 그때 칠수 역이었는지 만수 역이었는지 기억은 잘 안 나지만 문성근의 넉살 좋은 연기에 연극만큼 세상에 재미있는 게 또 있을까 하는 생각이 들었다. 《관객모독》, 《살아남은 자의 슬픔》 같은 진지한 연극을 보며 내 지적 허영을 채우기도 했다.

연극배우가 되고 싶었지만, 포스터 풀칠도 못 해볼 정도로 연극계에 한 발짝도 내밀지 못했다. '세상 것'에 대한 내 나름의 방어막 때문이었다. 아니, 목사 아버지가 무서워 일요일(우리 세계에서는 '주일'이라고 한다)에 특별 활동은 상상도 못 했다. 자연히 배우를 꿈꿀 수 없었다. 대신 평일에 연극을 보는 것으로 만족해야 했다.

군대에 있을 때 연극을 한 편 무대에 올렸다. 병장 말년에 육사교회 신우회 문화부장을 맡아 야심 차게 준비한 작품이었다. 교회 성극 수준의 아마추어 공연이었다. 나는 주연을 맡았다. 몇 달 땀을 흘리며 연습한 끝에 연극은 성황리에 마쳤다. 군 생활 중 가장 기억에 남는 시간이었다.

제대를 한 뒤 내가 다니던 교회에서 성극 연출을 했다. 지금 생각하면 학예회 재롱잔치 같은 유치한 행사였지만 주말마다 몇십 명이 모여 우리 딴에는 큰 판을 벌였다. 연출 실력이 좋다는 소문이 나 몇몇 교회에 팔려나갔다. 그 덕에 용돈을 조금 챙길 수 있었다.

한국을 떠난 지 스무 해가 넘었다. 낯선 땅에 살고 있지만 두고 온 땅에 대한 미련은 별로 없다. 그런데도 유독 연극 생각만 하면 내 땅에 주기적으로 가고 싶은 생각이 든다. 한국에 갈 기회가 생기면 반드시 찾아가는 곳이 대학로다. 연극 한 편은 꼭 보고 싶어서다. 좋은 연극, 나쁜 연극에 대한 호불호는 없다. 그냥 '연극'이면 된다. 그것도 관람자 수보다 출연자 수가 더 많으면 좋다. 가난한 극단에 배고픈 연기자 그리고 그것을 즐기는 어설픈 관객 중 내가 한 자리를 채우면 충분히 행복하다.

서너 해 전, 평소 존경하는 직장 선배의 회갑을 핑계로 한국에 들어갔을 때도 동숭동 대학로를 찾았다. 밤 일곱 시나 됐을까, 상점 불빛이 하나둘 켜지고 있을 때 지하철역 계단에서 기다리고 있던 호객꾼이 내 팔을 잡았다.

"선생님, 연극 한 편 보시고 가세요."

옷집과 술집, 밥집과 점집을 지나 지하 극장에 도착했다. 공연이 시작되려면 아직 십 분이 남았다. 사방을 둘러보니 관객은 별로 없고 스태프만 눈에 띄었다. 슈퍼에서 사 온 캔커피 한 잔을 마시고 공연장으로 들어갔다. 막이 열렸다. 관객은 나를 포함해 아홉 명뿐이었다.

그저 그런 연기, 그저 그런 반응을 어둡지도 밝지도 않은 공간 속에서 엿봤다. 웃지도 않았고 그렇다고 울지도 않았다. 자리 지킴이 역만 해냈다. 연극이 끝난 뒤 출연자들이 무대 인사를 했다. 그러면서 시답잖은 멘트를 날렸다.

"연극 재미있게 보셨나요?"

그 질문이 나를 향했다. 좀 더 구체적으로 물었다.

"저기 안경 쓰신 어르신, 오늘 연극 즐거우셨나요?"

오십 줄도 안 넘은 내가 이십 대 연기자들 눈에는 '어르신'으로 보였나보다. 나이에 비해 눈에 띄게 흰머리가 많아서 그랬다고 생각하지 않는다. 어쨌든 중년 남자가 연극을 보러 온 것이 신기했던 모양이다. 난 아무 말도 못 했다. 그저 씩 웃었다. 무대 인사는 그렇게 끝났다.

연극이 끝났는데도 나는 한동안 움직이지 않았다. 무대 뒤에서 연기자들의 수군거림이 들렸다. 한 시간 삼십 분에 걸친 열연이 끝나자 왠지 모를 허탈감이 느껴졌다. 크게 할 것도 없는 객석 청소를 하러 온 아줌마가 등장해서야 자리를 떴다. 그러다가 조용히 무대 뒤로 갔다. 나도 좀 멋진 '연기'를 하고 싶다는 생각이 들었다.

"연출자를 좀 만날 수 있을까요?"

스태프 가운데 한 명이 뜬금없다는 표정으로 쳐다봤다.

"아니, 그냥 뭐 좀 전해 드릴 게 있어서요."

삼십 대 초반으로 보이는 젊은이가 나왔다.

"연극 잘 봤습니다. 이거 얼마 안 되지만…. 삼겹살이나 사서 드세요."

나는 수표 두 장을 그에게 건넸다.

내가 만약 연극배우가 된다면 나는 강태기나 추송웅, 문성근 같은 연기자가 되고 싶지 않다. 실력이 없어 못 되는 게 아니냐고 해도 좋다. 그냥 이름 없는 극단의 초라한 연기자면 된다. 어설픈 관객을 향해 두 시간 정도 웃고 울다가 무대 뒤로 사라질 수 있으면 그걸로 충분하다.

그리고 만에 하나 나 같은 '시대의 기인(奇人)'이 연극이 끝난 뒤, '사알짝' 커튼을 열고 봉투 하나 건네준다면 더할 나위 없이 행복할 것이다. 오지 않을 '고도를 기다리는' 한이 있더라도 말이다.

돌담을 타고 오르는 나무뿌리. 동네 길을 산책하다가 만났다.
부디 계속해 그 자리를 지켜주길 바랄 뿐이다.

파도 소리를 벗하여
바닷가에서 책 읽어주는 여자의 소리를
들어본 적이 있는가.
나뭇잎 바스락거리는 소리를 벗하여
숲속에서 책 읽어주는 여자의 소리를
들어본 적이 있는가.
침묵을 벗하여 아무도 없는 밀폐된 공간에서
책 읽어주는 여자의 소리를 들어본 적이 있는가.
그 책 읽어주던 여자가 정혜였다.

– '책 읽어주는 여자, 정혜' 중에서

Part 2

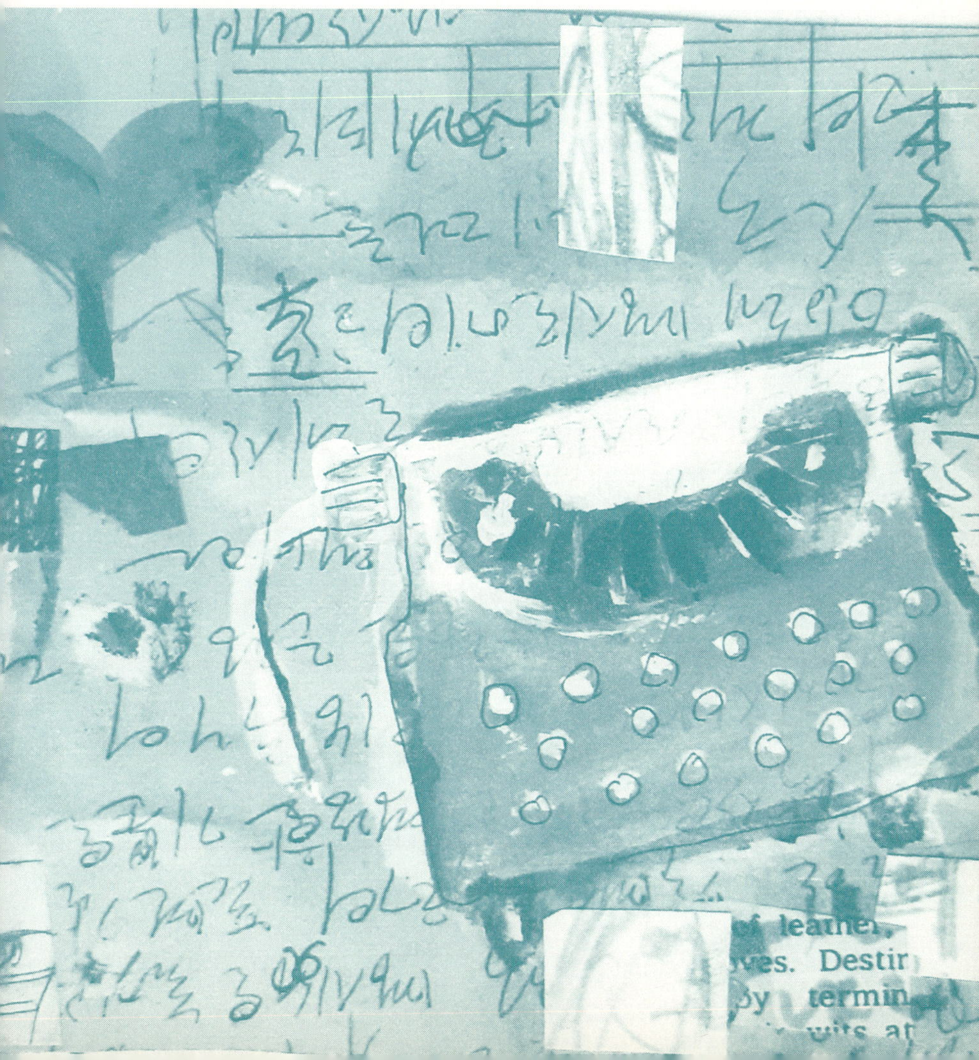

영숙 씨는 왜 그렇게 쪼아 들었을까

갑자기 내 눈시울이 붉어졌다.
영숙 씨의 등뼈가 천장으로 조금 더 솟아 있는 것을 보았기 때문이다.
다행히 나비는 보이지 않았다.

우리 엄마 이름은 한영숙.

올해 여든둘, 키는 130cm가 될까 말까 한다. 원래 그렇게까지 작지는 않았는데 해마다 '쪼아 들고' 있다. 얼굴도 점점 작아진다. 애기참외 두 개 정도밖에 안 된다. 처음 만나는 사람 중 열에 아홉은 "귀여우시다"고 한다. 여든이 넘은 할머니에게 귀엽다고 하는 표현이 좀 어색하긴 하지만 내가 봐도 귀엽긴 귀엽다.

호주에 사는 조카 이름은 다니엘. 올해 열넷, 키는 150cm가 조금 넘는다. 이놈은 해마다 키가 크고 있다. 키만 크는 게 아니라, 얼굴도 커진다. 사람들은 이놈을 볼 때마다 "귀엽다"고 한다. 이목구비가 뚜렷한 미남형 얼굴인데 하는 행동은 아직 초등학생 같아 그럴지도 모른다. 열넷 먹은 사내놈에게 귀엽다고 하는 게 좀 그렇긴 하지만 정말 귀여운 놈이다.

얼마 전 영숙 씨가 호주 시드니에 사는 손자 다니엘에게 전화했다. 아니, 막내딸에게 전화했는데 대화 끝 무렵 손자랑 자연스럽게 통화를 하게 됐다.

영숙 씨: 다니엘, 잘 지내니?

다니엘: 예, 할머니도 안녕하시고요…?.

영숙 씨: 많이 보고 싶네. 키는 좀 컸니?

다니엘: 저도요. 할머니도 많이 컸어요?

한국말이 서투른 다니엘이 전화상으로 할 수 있는 가장 좋은 대화였다. 자기 키가 크는 것처럼 할머니 키도 크는 줄 알았나 보다. 다니엘은 세 나라 말을 할 줄 안다. 호주에서 공부하고 있어 영어가 능통하고, 한국어는 그럭저럭 알아는 듣지만 어른과 나누는 대화는 좀 버거운 정도다. 폴란드 말은 아빠하고만 의무적으로 한다. 생긴 모양은 완전히 유럽계, 전혀 혼혈아 티가 나지 않는다.

영숙 씨 키가 줄어들기 시작한 때는 1980년대 중반 무렵이다. 나는 논산훈련소 4주 훈련을 마치고 1984년 12월 서울 태릉에 있는 육군사관학교 기간병으로 복무를 시작했다. 성탄절 보름 전쯤, 중대본부에서 첫 면회를 허락했다. 영숙 씨가 꽃무늬 삼단 찬합에 갖가지 음식을 담아 나를 찾아왔다. 내가 좋아하는 어묵에 게장, 달걀 무침이 있었던 것으로 기억한다.

이등병 계급장을 단 어리바리한 군바리는 앞뒤 생각 없이 열심히 먹어댔다. 어느 정도 배가 차자 숨을 돌리고 안부를 물었다. 그제야 담담하게 하시는 말,

"허리 디스크가 심해 네 면회도 못 올 뻔했다."

내가 논산에서 훈련을 받고 있을 무렵, 영숙 씨는 무거운 짐을 들다가 허리가 뒤틀렸다. 그때부터 한동안 자리에만 누워 지냈다. 만약 전방이나 후방에 배치됐다면 아무리 사랑하는 아들이라도 못 왔을 면회를, 버스로 이십 분 거리밖에 안 되는 동네(면목동)에 사는 덕분에 올 수 있었다. 그 얘기를 듣는 순간 눈물이 왈칵 나면서 목이 멨다. 그때 나는 영숙 씨 키가 조금 줄어들었다는 것을 눈치챘다.

그 뒤 영숙 씨의 허리는, 아니 키는 눈에 띄게 줄어들었다. 오십 대에는 여동생 키와 비슷했는데 지금은 머리 하나가 작다. 아마 사람들이 영숙 씨를 보면서 귀엽다고 하는 까닭은 예쁘장한 얼굴에 키가 유독 작아서 그럴 것이다. 농구선수처럼 170cm가 넘는 할머니를 보고 귀엽다고 할 사람은 세상에 없지 않겠는가.

나는 영숙 씨 말고 키 작은 귀여운 할머니를 한 명 더 안다. 1990년대 초로 기억한다. 종로 3가 단성사 극장에서 영화를 한 편 봤다. 이청준의 소설, 『축제』를 같은 제목으로 영화화했다. 당시 최고의 배우였던 안성기가 주연을 맡았다.

여기서 '축제'는 장례식을 뜻한다. 극 중 안성기는 별 볼 일 없는 소설가로 나온다. 그는 자기 어머니의 장례식을 축제로 만들고 싶었다. 죽음을 애벌레가 껍질을 벗고 나비가 되는 일과 같다고 본 것이다. 그렇다면 축제가 될 수 있을 것이다.

극 중 안성기의 어머니는 유독 키가 작았다. 130cm는커녕 120cm가 될까 말까한 느낌이었다. 두 팔로 쉽게 안을 수 있을 것만 같은 한없이 작고 여린 육체였다. 그렇게 키가 작은 배우를 어디서 섭외했을까, 하는 의구심이 들 정도였다. 순간 '영숙 씨도 언젠가는 그렇게 작아지겠지'라는 생각이 들었다. '등뼈가 한 뼘 아니 두 뼘 넘게 하늘을 향해 치솟겠지' 이런 상상을 하자 슬픔이 몰려왔다.

2009년 뉴질랜드에서 돌아가신 아버지 무덤의 반 칸은 비어 있다. 그곳은 영숙 씨의 몫이다. 오 척도 채 안 되는 작디작은 육체가 묻힐 땅 치고는 조금 넓다. 영숙 씨는 아버지 무덤에 갈 때마다 늘 이렇게 속삭인다.

"조금만 기다리시우, 곧 가리다."

그 말을 들을 때마다 나는 애써 외면한다. 영숙 씨는 어찌하여 다시 돌아올 수 없는 그 길을 재촉하는지 모르겠다.

얼마 전 아버지 기일을 맞았다. 영숙 씨 집에서 아는 목사님을 모시고 추도 예배를 드리는데 갑자기 내 눈시울이 붉어졌다. 우리 엄마, 영숙 씨의 등뼈가 천장으로 조금 더 솟아 있는 것을 보았기 때문이다. 다행히 나비는 보이지 않았다.

자서전을 씁시다

후손들에게 공동재산으로 무엇을 물려주어야 할 것인가?
자서전이 최고의 유산이라고 믿는다.
그러니, 제발 자서전들 씁시다.

내 나이 이제 만으로 쉰하나. 벌써 반백 년을 살았다. 남은 생이 얼마나 될지 모르지만 평균 수명만 놓고 본다면 서른 해 정도 살 확률이 있다. 그 여생에 내가 무엇을 할 수 있나, 곰곰이 생각해 본다. 그러면서 이청준의 소설, 『자서전들 쓰십시다』가 떠올랐다.

이청준은 일찌감치 '자서전을 쓰자'라고 외쳤다. 남이 써주는 자서전, 그래서 추(醜)는 없고 미(美)만 있는 그런 읽으나 마나 한 자서전 말고 진짜로 한 사람의 삶이 오롯이 담겨있는 자서전을 쓰자고 주장했다.

하도 오래전에 읽어 지금은 내용조차 가물가물하다. 요점은 유명한 사람만 자서전을 쓸 것이 아니라 서민들도 자서전을 써야 한다는 것이다. 그래야 기록이 남아 역사가 되고, 그 역사를 통해 세상이 발전한다는 뜻이다.

내가 아끼는 책 가운데 하나는 〈뿌리깊은나무〉에서 나온 '민중자서전' 시리즈다. 이 시리즈는 모두 스무 권으로 되어 있다. 그 가운데 몇 권을 소개하면 이렇다. 『반가 며느리 이규숙의 한평생 – 이 계동 마님이 먹은 여든 살』, 『벌교 농부 이봉원의 한평생 – 그때는 고롬고롬 돼 있제』, 『아루라지 뗏사공 송문옥의 한평생 – 대라 틀어라 박아라』 등이다. 지금 내 곁에는 한 권밖에 없다. 오래전 누군가에게 다 넘겨줬다. 지금 와 생각하니 가슴을 치고 통탄할 일이다. 그 '보물'을 포기했으니 말이다.

책 제목만 봐도 살갑다. 민중의 삶이 활자를 박차고 나올 것만 같다. 그 안에는 종가댁 며느리의 꼿꼿함이, 무지렁이 농부의 비루함이, 산골 오지 노 사공의 당당함이 생생히 살아있다. 그 어떤 유명작가도 그렇게 담백하고 솔직한 글을 쓸 수 없으리라 생각한다. 삶 자체가 문학이었던 사람들 얘기였다.

한국에서 서른두 해를 산 뒤 이곳 뉴질랜드에 이민을 왔다. 그리고 다시 스무 해를 뉴질랜드 오클랜드에서 살았다. 이제는 고국의 기억이 안개처럼 희미하다. 영혼까지 현지화 됐다고 말하기는 힘들지만 내 의식 세계에서 점점 한국이 줄어들고 있다. 슬프지만 어쩔 수 없는 현실이다.

만 두 돌도 채 안 된 큰놈을 데리고 이민을 왔는데 그놈이 벌써 대학 졸업반이다. 오클랜드에서 사내아이 둘을 더 낳았다. 집을 한 번 샀다가 팔았고 렌트 집을 열 번 정도 전전했다. 사업을 두 번 했는데 다 여의치 않았고, 그 일로 아내와 큰 싸움을 하기도 했다. 내 소신은 이 땅에 삶의 흔적을 남기는 것이었고, 아내는 OD(Over Draft, 초과 인출) 없는 통장을 갖고 살기였다.

도둑을 모두 다섯 번 맞았고, 차 접촉사고는 두 번, 교통범칙금 딱지는 일곱 번 정도 뗐다. 1995년 3월 이민 온 뒤 첫 주일 예배 때 감사헌금을 100달러 했다. 그때 기름값은 일 리터에 80센트 정도였다. 코로나 2.0 세단 승용차를 1만2,500 달러, 소니 21인치 텔레비전을 약 2천 달러에 샀다.

큰놈이 갑자기 아파 시내 스타십(Starship) 병원에서 밤새 애를 태우며 기다렸고, 둘째 놈이 세 살 때 집에서 농구를 하다 머리가 깨져 식겁을 하기도 했다. 막내놈은 만 두 살 때 풀타임 유치원에 들어갔다. 교사 가운데 한 명이 한쪽 팔이 없는데도 구김살 없이 일하는 것을 보고 놀랐다.

이민 온 다음 해 일 년 동안 AUT에서 스크린 프린팅(Screen Printing)을 공부했고, 한 시간에 11.50달러의 잡 오퍼(취업 제의)를 받았지만 적성에 맞지 않아 거절했다. 한국 애들을 대상으로 영어 과외를 해서 한 달에 2천 달러 정도 벌었고, 그 돈으로 책을 사거나 우유를 사서 냉장고를 채웠다.

2002년 뉴질랜드 시민권자에게 허용됐던 호주 이민이 막 닫힐 무렵, 많은 사람이 호주행 비행기에 동승할 것을 제안했지만 일고의 가치도 없다며 무시했다. 그 누군가는 뉴질랜드를 지켜야 한다는 게 내 의지였다. 단맛만 보고 쓴맛은 안 보려는 사람들이 싫었다.

둘째 아들놈이 럭비팀 주장이 된 날을 잊을 수 없다. 우승컵을 손에 들고 선수를 대표해 많은 사람 앞에서 고마움을 표시할 때 아빠로서 자긍심을 느꼈다. 그놈이 원하던 대학의 건축학과를 떨어져 상대(商大)로 진로를 바꿀 수밖에 없었던 때는 괜히 럭비를 시킨 게 아닌가 하는 회의감에 빠지기도 했다.

아버지가 암 투병 오 년 끝에 오클랜드에서 세상을 떠났다. 다섯 해 동안 한결같은 마음으로 아버지를 돌봐준 뉴질랜드 의료복지 체계에 한없는 고마움을 느꼈다. 형과 작은누이 그리고 여동생 가족이 시드니로 떠난 날, 나는 공항에 가지 않았다. 남아 있는 자의 슬픔을 형제들은 모를 것이다.

내 소박한 꿈, 한솔문화원이 문을 닫던 날 나는 하염없이 서러웠다. 교민 신문에 '꿈을 접습니다'라는 폐원 광고를 냈다. 당시 신문사 사장이 조금만 더 버텨보자고 했지만 난 부질없는 기대라고 응수했다. 그리고 몇 달간 우울증에 시달렸다.

지난해 말, 대만 여자와 함께 에듀 북숍(Edu Bookshop)을

이 많은 책 사이에 교민들이 쓴 자서전도 들어가 있으면 좋겠다.
훗날 한인 역사의 보고가 될 것이기 분명하기 때문이다. 한솔문화원 모습.

다시 시작했다. 잘 된다는 보장은 없지만, 이 땅에서 사라지지 말아야 할 것이 '책방'이라고 믿어 의심치 않기에 또 저질렀다. 잘 한 일인지 아니면 가지 말아야 할 길을 내디딘 것인지는 잘 모르겠다. 목숨이 붙어 있는 한, 해보자는 게 내가 초지일관 가져온 신념인데 맞는 것인지 의문이 든다.

이 정도가 개략적인 내 자서전 내용이다. 깊게 생각하면 들어갈 내용이 더 많을 것이다. 실수도 잦았고, 좌절도 깊었고, 행복도 느꼈다. 민중자서전까지는 못돼도 교민자서전을 쓰라면 책 한 권은 쓸 수 있는 삶을 살아냈다.

이참에 많은 교민이 자서전을 썼으면 좋겠다. 실패였든 성공이었든 자기의 삶을 기록으로 남겨야 한다. 65세가 넘는 사람은 무조건 300쪽 안팎의 자서전을 써야 한다는 법을 만들고 싶다. 『배추 장사 김 씨 아저씨의 자서전 – 내게 '포기'는 없었다』, 『정비 공장 정 기사의 자서전 – 기름때로 밥 비벼 먹었지요』, 『쓰시 가게 수지 리 아줌마의 자서전 – 검은 종이, 흰 밥알의 환상 춤』 같은 제목으로 자서전이 나오길 꿈꾼다.

꼭 도서관이 아니더라도 한인회관 참고실 같은 공간에 그런 민중자서전 아니 교민자서전 수백 권이 진열되어 있어서 우리 후손들이 언제든 꺼내 볼 수 있었으면 하는 마음이 간절하다.

"현명한 사람은 역사에서 배우고, 어리석은 사람은 경험에서 배운다."는 말이 있다. 역사에서 바로 답을 찾을 수 있다는 뜻이다. 우리가 오늘만 살고 끝나는 게 아니다. 이세, 삼세들이 살아가야 할 땅이다. 그렇다면 그들에게 공동재산으로 무엇을 물려주어야 할 것인가? 실패담과 성공담을 차분히 담은 자서전이 최고의 유산이라고 믿는다.

그러니, 제발 자서전들 씁시다.

파리의 잠 못 이루는 밤

밤 아홉 시나 됐을까?
갑자기 고민이 하나 생겼다.
'이 처자를 어떻게 해치워야 하나?' 하는 현실적인 고민이었다.

나는 스물여덟에 동정을 잃을 뻔했다. 고이고이 간직해 온 처녀성, 아니 총각성을 하마터면 길거리에서 만난 한 여자에게 원 나잇 스탠드(하룻밤 풋사랑)의 제물로 바칠 수도 있었다. 스무 해가 훌쩍 넘은 그 옛일을 생각하니 만감이 교차한다. 부끄러움을 무릅쓰고 '파리의 잠 못 이루던 밤' 얘기를 해 볼까 한다.

지금의 잣대로 보면 잘 믿기지 않겠지만 당시만 해도 나는 순결주의자였다. 여자만 순결을 지킬 것을 강요해서는 안 된다고 생각했다. 남자도 동정을 간직해야 한다고 역설했다. 그러나 내 주장은 바람 앞의 풀잎이었다. 친구들은 그런 나를 천

연기념물로 다뤘다. "사내자식이…" 그러면서 남자로 끼워주지 않았다.

군대에서도 난 종종 외톨이였다. 여자 얘기만 나오면 할 말이 없었다. 여자를 성(性)적으로만 보는 그들의 시각이 이해되지 않았다. 음담패설에 단 한 마디도 보탤 자신이 없었다. 그렇다고 내가 고고한 한 마리 학이었다는 얘기는 아니다. 나도 성욕이 있었고, 예쁜 여자만 보면 아랫도리 기분이 오묘했다.

그 여자를 만난 건 1990년 8월 초, 파리의 샹젤리제 거리였다. 보석상과 술집이 죽 늘어서 있는 대표적 번화가였다. 그는 짧은 치마를 입고 뜻 모를 눈웃음을 날리지 않았다. 대신 자기 키만한 배낭에 무릎이 툭 튀어나온 청바지 차림으로 사방을 둘러보고 있었다. 한눈에 봐도 파리에 막 도착한 배낭 여행자였다.

편의상 그 여자를 김 선생이라 부르자. 최 선생일 수도 있고, 나 선생일 수도 있는데 굳이 김 선생이라고 하는 까닭은 적어도 박 선생은 아니었기 때문이다. 아무리 오랜 시간이 지났어도 만약 나랑 같은 성(姓)이었다면 기억을 못 했을 리 없다.

김 선생은 그날 파리가 유럽의 첫 여행지였다. 피곤한 기색이 역력했지만, 호기심 가득한 눈동자도 숨길 수 없었다. 그렇게 불안 반 기대 반으로 파리의 첫날을 홀로 맞이하게 된 것이다. 그 여자는 파리 일 일 차, 나는 칠 일 차였다. 그는 길을 가는 내게 영어로 오페라 하우스를 가려면 어떻게 해야 하는지 물었다. 나를 일본 사람으로 오해한 것 같았다. 그때만 해도 한국 여행자가 거의 없어서 한국 사람끼리도 영어로 묻고 답하기 일쑤였다. 우리는 서로를 일본 사람으로 단정했다.

몇 마디 대화 끝에 우리는 자연스럽게 커밍아웃이 됐다. 나는 그 여자에게 '작업'을 걸었다. 가난한 여행자에게 여자는 봉이었다. 잘만 다루면 며칠 양식을 해결할 수 있었다. 나는 그저 여행 안내자 역할만 해주면 됐다. 나뿐만 아니라 아시아 여행자들은 다들 그런 식으로 돈을 아꼈다.

"몽마르트르 언덕 아시죠? 거리의 화가들이 초상화를 그려주는 그곳 말이에요?"

삼십 분 뒤 우리는 몽마르트르에서 크루아상 한쪽을 우아하게 뜯으며 커피 한잔을 나눴다. 거기서 피카소의 미술 세계를 논하고, 앙드레 지드의 소설 『좁은 문』을 얘기했다. 카페 창밖에는 금발의 파리지앵들이 춤추듯 걸어가고 있었다. 파리 처녀들은 그들의 감미로운 발음만큼이나 몸동작이 예술이었다.

다음 갈 곳은 노트르담 대성당. 센 강을 끼고 장엄하게 솟아 있는 그 성당을 함께 올라가면서 우리는 노트르담의 꼽추, 콰지모도의 슬픈 사랑을 떠올렸다. 점심 무렵 시작된 그 날의 가이드는 파리의 명소 중 최고로 꼽는 에펠 탑에 가는 것으로 공식 일정을 마쳤다.

파리의 밤은 잠 못 이루고 있었다. 에펠 탑 주위는 전 세계에서 몰려든 관광객으로 가득했다. 볼품 없는 한국 대표 처녀 총각인 우리도 그 틈에 끼어 파리의 늦은 밤공기를 맘껏 들이켰다. 전두환과 노태우 군사 독재 시절에서는 전혀 느낄 수 없는 자유와 평등 그리고 박애의 공기였다.

밤 아홉 시나 됐을까? 갑자기 고민이 하나 생겼다. '이 처자를 어떻게 해치워야 하나?' 하는 현실적인 고민이었다. 나야 파리 대한항공 지점장으로 나가 있던 사촌 형 집에서 하루 잘 수도 있었지만 김 선생의 하룻밤은 아무 대책이 없었다. 그야말로 기사도 정신이 필요할 때였다.

"호텔이라도 가실래요?"

"… ."

김 선생은 아무 말이 없었다. '당신에게 전적으로 위임한다'는 뜻 같아 보였다. 몇몇 숙소를 알아봤지만 '노 베이컨시'(No Vacancy, 불어 표현은 잘 모른다)라는 대답뿐이었다. 더 늦기 전에 외곽으로 빠졌다. 허름한 호텔이 눈에 들어왔다. 다행히 방 하나가 비어 있었다.

둘 다 어색함을 애써 웃음으로 위장하고 호텔 방에 들어갔다. 방 한가운데 트윈도 아닌 더블베드 하나가 덩그러니 놓여 있었다. 김 선생과 내가 하룻밤을 해결해야 할 잠자리였다.

"먼저 씻으실래요?"

김 선생이 내게 샤워를 권했다.

"네. 온종일 다녔더니 몸에 먼지가 많네요."

나는 욕실로 들어갔다. 짧은 순간, 비누 거품 사이로 숱한 생각이 오고 갔다. '이 난국(?)을 어떻게 풀어나갈까?' 하는 고민이 시작됐다. '동정을 뺏길 것인가?' 아니면 '스물여덟 해를 지켜온 총각성을 지킬 것인가?' 하는 중차대한 갈림길에 선 것이었다.

반쯤 벗은 상태로 욕실에서 나왔다. 다음은 김 선생 차례. 샤워라도 해야 노독이 풀릴 텐데 그는 세수만 대충 하고 밖으로 나왔다. 그 여자의 민낯을 보는 순간 배와 아랫도리 중간쯤에 있던 내 정욕이 연기처럼 사라졌다.

"혹시 바느질할 것 없으세요?"

"아, 예. 제 청바지 단이 뜯어졌는데 좀 고쳐 주실래요?"

모름지기 호텔이라고 하는 곳에서 젊은 남녀가 나눌 수 있는 최상의 대화였다. 청바지를 김 선생에게 건네고 나는 이불 속으로 들어갔다. 그 여자는 나를 따라 이불깃을 들추지 않았다. 한석봉 어머니 떡 썰듯 해진 내 청바지 단만 한 땀 한 땀 꿰매고 있을 뿐이었다.

얼마나 잤을까? 아니 얼마나 꿈속에서 헤맸을까? 김 선생의 숨소리가 들려왔다. 이불 속에 그 여자가 있었다. 난 빤스 차림, 그는 원피스 잠옷 차림. 나는 그 뒤 한숨을 못 잤다. 정욕과 이성 사이를 끝없이 왔다 갔다 했기 때문이다.

1990년 8월, 파리 에펠탑.
광장에서는 자유 평등 박애의 기운이 느껴졌다.

다음 날 아침 일곱 시, 희미한 의식을 뚫고 김 선생의 샤워 소리가 들렸다. 그는 뭐라고 중얼거렸을까. '짐승만도 못한 놈'이라고나 하지 않았을까? 아니면 자신의 민낯을 한스러워했을까?

체크아웃을 하고 패스트푸드점에서 아침 식사를 함께했다. 둘 다 말이 없었다. 우거적우거적 앰한 빵만 씹어댔다. 나는 그에게 작별을 고했다.

"김 선생님, 즐거운 여행 되세요. 하룻밤을 같이 보낼 수 있어 좋았습니다."

"…."

그는 그렇게 갔다. 내게 남겨준 것은 코닥 필름 24롤짜리 일곱 통과 ○○고등학교 수학 선생 간이 명함뿐이었다.

나는 지금도 남녀가 호텔 방에서 '잠만 자고' 올 수 있다고 믿는다. 그래서 눈초리가 '야시러운' 중년 남녀가 호텔에서 나와도 전혀 의심하지 않는다. 경험해본 사람은 알 수 있다.

참, 내 총각 딱지는 언제 뗐는지 굳이 궁금해 하지 말기 바란다. 서른 살에 결혼했으니 파리의 잠 못 이루는 밤부터 이 년 정도의 공백이 있었는데 그것까지 밝히면 순결주의자의 신비가 무참하게 허물어질 것 같아서 그렇다.

대신 좀 섭섭할 것 같아 앵두 같은 내 입술은 그사이 뺏겼다는 점을 분명히 밝힌다. 서울 송파구 삼전동 가로등 밑에서, 날 좋아한 아무개가 억지로 들이댔다. 그날 나는 입술을 다시지 않았다. 대신 양치를 한 번 더 했다.

'바람'이라 불린 사나이(바불사 傳)

나는 그의 생각, 아니 신념을 존경한다.
그의 삶 자세를 귀히 여긴다.
그는 돈을, 그리고 시간을 최대한 뜻 있게 쓰는 사람이다.

사람들은 그를 '바람'이라 부른다. 늘 바람처럼 왔다가 바람처럼 가기 때문이다. 언제 왔는지도 모르고, 언제 갔는지도 모른다.

나는 그를 1990년대 끝 무렵 한 기독교 모임에서 만났다. 평소 잘 알고 지내던 사이는 아니었지만, 교민 사회가 워낙 좁아 한 다리 건너면 다들 알 만한 상황이었던지라 거절을 하지 못하고 마지못해 그의 초대를 받아들였다. 나이는 오십이 다 돼 보였다. 껑충한 키에 바짝 마른 체형의 그는 진중함과는 거리가 멀어 보이는 중년이었다.

기독실업인회 뉴질랜드 지부 창립식이었다. 어디에서 내 이력을 들었는지 그는 내게 "한국에서 교계 신문사에 몸담았던 만큼, 홍보 쪽 일을 맡아 달라"고 했다. 나는 승낙도 거절도 하지 않은 채 어정쩡하게 관계를 이어갔다.

그러다가 2005년 9월, 내게 정중한 제의를 해 왔다. 뉴질랜드에 기독교 신문을 하나 만들자는 것이었다. 그렇게 해서 크리스천라이프라는 신문이 탄생했다. 지금도 2주마다 나오는 이 신문은 온전히 바람이라 불린 사나이(바불사) 때문에 창간됐다.

처음에 그는 내게 월 4,000달러를 넌지시 암시했다. 그때 월급치고는 센 편이었다. 내가 만약 그렇게 받았다면 말이다. 몇 달에 걸친 준비 작업 끝에 2006년 1월 6일 창간호가 나왔다. 60쪽이 넘는, 당시 교민 신문치고는 규모가 컸다. '크리스천' 쪽은 기독교 내용을 담았고, '라이프' 쪽은 일반 교민 내용을 다뤘다. 일종의 선교용 신문이었다.

첫 신문이 나오고 한 달이 지날 무렵, 바불사는 직원들에게 농담 반 진담 반으로 폐간을 알렸다. 창간호 잉크가 다 마르기도 전에 벌어진 일이었다.

"교회들의 관심이 너무 없어 만드는 의미를 못 느끼겠다."

하지만 다음 호, 그다음 호도 무사히 나왔다. 몇몇 독지가와 교회들이 희망을 주었다. 그러나 그는 그다음 달이면 또 '폐간'이라는 단어를 입 밖에 냈다. 그러기를 수없이 되풀이했다.

그와 함께 6년 반을 보냈다. 4,000달러가 2,000달러로 줄고, 또 그마저도 여력이 안 돼 기름값 정도만 받고 일을 했지만 '하나님의 일을 한다'는 사명감 때문에 쉽게 손을 놓을 수 없었다. 서로 뜻이 맞지 않아 말싸움을 더러 하기도 했다. 그런데도 그의 깊은 뜻을 이해했기에 심한 충돌은 없었다. 다른 사람들의 도움도 컸지만 나는 편집자로, 그는 경영인으로 각자의 역할을 잘 해낸 덕분에 신문은 독자들에게 많은 사랑을 받았다.

나는 그의 생각, 아니 신념을 존경한다. 그의 삶 자세를 귀히 여긴다. 그는 돈을, 그리고 시간을 최대한 뜻 있게 쓰는 사람이다. 바불사는 오클랜드에서 수많은 단체를 조직했다. 아마 십여 개는 족히 넘을 것이다. 일을 제대로 하려면 돈이 들어가야 했고, 시간을 투자해야만 했다. 그는 그 많은 일을 하면서 한 번도 불평하지 않았다.

앞뒤 내용도 모른 채 남의 얘기하기 좋아하는 입만 바른 사람들은 종종 그를 비난한다. 너무 가볍게 처신한다거나, 일만 벌여놓고 뒤처리를 제대로 안 한다거나 하는 것이 이유다. 대부분 돈 한 푼 낸 적 없고, 시간 한번 남을 위해 쓴 적 없는 사람들이다. 그런데도 그는 다른 사람들의 비난에 전혀 아랑곳하지 않는다. "비난은 그들의 몫일 뿐, 나는 내 일만 하면 된다."는 굳은 의지가 있어서다.

그가 우리 모두의 이익을 위해 쓴 돈만 해도 수십만 달러에 이른다. 본인은 5~6달러짜리 샌드위치로 점심을 때워도, 누군가 도움이 필요하면 수만 달러, 수천 달러를 조건 없이 내줬다. 쓸 만한 차를 필요한 사람에게 거저 주는가 하면, 주위에 어려운 사람을 만나면 몇백 달러라도 주고야 마는 성격이다. 그의 선행 덕분에 교민 사회가 조금 더 아름다워졌고, 조금 더 사람 사는 세상이 됐다고 생각한다.

나는 그 사람이 기독교인인 게 자랑스럽다. 많은 사람이 기독교를 '개독교'라 부르는 침울한 현 세태 속에서 그나마 그런 사람이 한 명이라도 있기에, 기독교에 아직 희망이 있다고 믿는다. 몇 해 뒤면 연금 받을 나이가 되는 그는 아직도 청년 정신으로 산다. 얼마 전에도 사업을 하나 벌였다. 목적이 분명하다. 많이 벌어 좋은 일에 쓰겠다는 것이다.

그를 잘 아는 사람들의 말에 의하면 아쉽게도 그는 한 번도 사업에 성공한 적이 없다. 하는 족족 망했다. 하지만 정작 당사자는 한 번도 실패한 적이 없다고 한다. 단지 그때 그 일을 해야 했기 때문에 했다고 주장한다. 누가 뭐라고 해도 나는 그가 한 일이 의미가 있다고 믿는다. 하늘(하나님)이 알고 내가 알면 떳떳하지 않겠는가?

그가 오클랜드에서 살다 간 흔적은 훗날 역사로 기록될 것이다. 단지 어리석은 대중만 애써 모른 체할 뿐. 바불사는 자

기 이름이 세상에 알려지기를 원하지 않는다. 영화 제목처럼 '바람과 함께 사라지고' 싶어서다.

참, 바불사는 '십만 달러의 사나이'라고도 불린다. 그가 벌인 판의 크기가 기본 십만 달러였기 때문이다.

오클랜드에서 승용차로 두 시간 가면 와이히(Waihi)라는
조그만 마을이 나온다.
한때는 금이 쏟아져 나오던 곳이었다.
오래된 역사(驛舍)에 빛바랜 가방들이 진열되어 있다.

'황금'이라 불린 아가씨

동네 다방에 들어갔다.
흔들거리는 육십 촉 전등이 그 아가씨를 비췄다.
선녀였다.

내게 그런 꿈같은 때가 있었나, 하는 생각을 모처럼 해본다. 지금은 '추억'이라고 말하지만, 그때는 '꿈'이었다. 양희은의 노래 제목처럼 '이루어질 수 없는 사랑.'

대학 2학년, 1983년 봄으로 기억된다. 우리 집에 새댁네가 이사를 왔다. 정확히 말해 우리 집은 아니었고 대여섯 가구가 모여 사는 다세대주택 방 한 칸을 새댁네가 차지했다. 그때만 해도 그렇게 몇몇 가구가 한 지붕 밑에서 살곤 했다. 전형적인 도시 빈민들의 모습이었다.

새댁네는 충북 진천 시골에서 올라왔다. '서울특별시민'이 되기 위해 부모 형제를 떠나온 것이다. 남편은 버스 운전을 했고, 새댁은 집안 살림만 하고 있었다. 얼굴 생김새만큼이나 순박하기 그지없는 사람들이었다.

새댁은 서른 살이 조금 안 되어 보였다. 젖먹이 계집아이가 하나 있었다. 그 젖먹이를 우리 엄마가 종종 포대기로 둘러업고 마실을 나갔던 기억이 난다.

어느 날, 새댁이 장독대에서 고추장을 푸다가 날 조심스럽게 불렀다.

"학생, 애인 있어?"

난 깜짝 놀랐다. 뜬금없이 애인은 왜?

"없는데요."

"다음 주에 시골에서 내 조카가 오는데… 소개해줄까? 정말 예쁜데."

새댁은 풋웃음을 내게 지었다. 나는 지금도 그 웃음을 기억하고 있다. '아마 얼굴 보면 너도 놀랄 걸' 하는 속내가 묻어 있었다.

그다음 주, 새댁의 조카 아가씨가 올라왔다. 처음 본 순간, 한 마디로 '예술'이라는 생각을 했다. 그때까지 내가 실물로 본 여자 중엔 최고였다. 요즘 배우로 말하면 김현주를 똑 닮았다. 한국 배우 가운데 가장 섹시한 입술을 지녔다는 김현주가 삼십 년 전 서울 중랑구 면목동 다세대주택에 강림했다고 생각하면 된다.

난 구름 위를 한없이 떠다녔다. 학교에서도 집에서도 꿈 같은 나날을 보냈다. 소설 속 사랑 얘기가 내 얘기 같았다. 유행가 속 가사가 나를 위해 쓰인 것 같았다. 짝사랑의 시작이었다.

부끄러운 마음에 그 아가씨의 뒤태만 슬금슬금 엿보던 내가 어느 날, 마음을 다잡고 데이트를 청했다.

"우리 영화 한 편 보러 갈래요?"

갓난아기를 등에 업고 마당을 왔다 갔다 하던 그가 예상치 못한 내 수작에 흠칫 놀랐다.

"영화요? 음… 한 번 생각해 볼게요."

그러고는 아기 엉덩이를 추어올리고 방으로 들어갔다.

아가씨는 그 뒤 아무 답을 하지 않았다. 말 한마디 없이 흔적을 감췄다. 새댁 말로는 부천에 있는 중소기업에 취직되어 갔다고 했다. 사장 비서실이 진천 아가씨의 일터였다.

새댁을 통해 어렵게 그 아가씨의 전화번호를 알아냈다. 수십 차례 전화했지만 들려오는 답은 "너무 바빠서", "친구랑 약속이 있어서", "갑자기 회식이 생겨서…" 같은 뻔한 핑계였다.

내 나이 스물하나. 피 끓는 청춘의 짝사랑은 거칠 게 없었다. 몇십 차례 완곡한 거절에 오히려 용기를 냈다. 면목동에서 버스를 타고 청량리로 가서 일호선 지하철로 갈아타고 부천으로 향했다. 그리고 마을버스를 타고 직장에 쳐들어갔다. 싸나이답게 멋있게 돌진하면 그 정성에 감동해 큐피드의 화살을 받아줄 줄 알았다

저녁 일곱 시쯤 회사에 도착했다. 직원들이 삼삼오오 퇴근

하고 있었다. 몇십 분 기다린 끝에 그 아가씨 모습이 드디어 내 눈에 들어왔다. 벌컥 손을 잡아채고 갈 수 있는 만용은 없어 "차나 한잔하자"고 정중히 요청했다.

동네 다방에 들어갔다. 흔들거리는 육십 촉 전등이 그 아가씨를 비췄다. 선녀였다.

"왜 내 데이트 신청을 안 받아 주는 거죠?"

선녀는 웃으며 대답했다.

"학생은 너무 어려요. 학생 짝은 지금 고등학교나 중학교에 있을 거예요. 난 연하 남자를 좋아하지 않아요."

그 아가씨는 1962년생이었고 나는 1963년생, 고작 한 살 차이였다. 연하 남자는 관심이 없다는 게 답이었다. 삼십 분이 넘게 감언이설로 설득했지만, 그 아가씨는 넘어가지 않았다. 그나마 얘기 내내 웃음으로 대해 준 거로 봐서는 연하 남자라는 거절의 이유가 거짓말처럼 보이지 않았다.

한 시간 뒤 다방 문을 나섰다. 그는 손을 두어 번 흔들고 내 곁을 떠났다. 아무 미련이 없는지 한 번도 뒤를 돌아보지 않았다. 그렇게 그 아가씨는 봄바람을 따라 저 세계로 갔다.

나는 마을버스를 타고 부천역으로 와서 다시 일호선 전철을 타고 청량리역으로 왔다, 그리고 또다시 버스를 타고 면목동으로 돌아왔다. 집 앞 포장마차에서 소주 한 병을 깠다. 안주는 내 짝사랑의 입술이었다.

이문열은 『젊은 날의 초상』에서 짝사랑의 괴로움을 말해주지 않았다. 한수산의 대중소설도, 황석영의 무협(?)소설도, 이청준의 순수소설도 다 짝사랑은 황홀하다고만 알려줬다. 난 정말 그런 줄 알았다. 모두 문학이라는 이름으로 거짓말쟁이 이야기꾼들이 꾸며낸 신기루일 뿐이었다.

이쯤에서 내 짝사랑의 이름을 밝혀야 할 것 같다. 그 여자의 이름은 황금순. 그가 오래전 내게 한 농담이 잊히지 않는다. "거꾸로 읽으면 순황금이에요. 호호." 그가 날 버린 뒤, 나는 황금 보기를 돌같이 한다. 특히 24K 순황금은 더 그렇다.

이선희가 부릅니다.

'아, 옛날이여! 지난 시절 다시 올 수 없나 그날….'

책 읽어주는 여자, 정혜

코를 간질이는 봄바람에 잠을 깼다.
살며시 눈을 떴다.
올려다 본 정혜의 모습, 사람이 아닌 듯했다.

가을이 깊어간다. 낙엽 밟는 소리가 참 듣기 좋다. 바시식 바시식…. 한참을 그 자리에 머문다. 하늘 한 번 쳐다보고 나뭇잎 한 번 들여다보고. 그러다 보면 내 마음속 소리도 들린다. '좀 쉬다 가라'고 소곤거린다. 아무 데나 턱 걸터앉는다. 그 어디든 내게는 천국이다.

가을을 타는 것일까. 길을 가다가도 단풍이나 낙엽이 보이면 차를 멈추게 된다. 내장산 단풍만큼 꼭 멋져야만 하는 것은 아니다. 높이 솟아있는 나무 한 그루, 담벼락에 붙어 있는 나뭇잎 몇 장에도 숨이 가빠진다.

며칠 전, 출근하는 길이었다. 차를 멀찍이 세우고 운동도 할 겸 책방까지 걸어갔다. 10분 정도의 거리였다. 길거리 단풍이 발레를 하고 있었다. 둥근 치마를 곱게 차려입은 처녀들이 내 눈앞에서 춤을 췄다. 자연스럽게 내 발걸음도 허공을 찼다.

그 여자네 집, 어쩌면 그 남자네 집일 수도 있는 어떤 집이었다. 갈색 담장에 단풍이 새색시 볼처럼 홍조를 띠고 있었다. 애처롭게 버티고 있는 나뭇잎이 열일곱 장쯤 되어 보였다. 나는 오랫동안 그 자리에 서 있었다. 어쩌면 사나흘 뒤 아니 다음날이 되면 없어질지도 모른다는 불안감이 들었다. 남몰래 한 장을 떼어내 시집에라도 간직하고 싶었다.

신이 빚어낸 빛깔은 어찌도 이렇게 아름다울까. 사람이 아무리 인공적으로 멋진 색을 만들어낸다고 하더라도 해 아래 더 멋진 것은 없다는 게 내 생각이다. 그것은 숲속에서, 아니 가을의 길가 어디에서라도 오 분만 있어 보면 안다. 가을의 빛깔, 단풍의 빛깔은 사람 너머의 것임이 분명하다.

아주 오래전, 내 옆에는 책 읽어 주는 여자가 있었다. 그의 이름은 정혜였다. '책 읽어 주는 여자, 정혜' 이 제목으로 한 번쯤은 글을 쓰고 싶었다. 정혜는 어쩌면 그 누군가의 소설 속 여주인공의 이름일 수도 있고, 또 어쩌면 내 마음속에서 꿈꾸는 여자 친구 이름일 수도 있다. 정자도 아니고 정애도 아닌 정혜, 듣기만 해도 마음이 설레지 않는가.

내 옆에는 늘 책이 있었고, 정혜 안에는 늘 책 읽어주고 싶은 마음이 있었다. 복사꽃 흐드러지게 피는 어느 봄날이었다. 우리는 공원 벤치에 앉았다. 내가 누워도 될 만한 충분한 공간이었기에 그의 무릎을 베고 누웠다.

"책 읽어줄까?"

"응."

"어디부터 읽어줄까?"

"아무 데나."

어쩌면 그 분위기에 어울리지 않는 혁명 전사 김남주의 시집일지도, '황구라'라 불리는 입담 좋은 황석영의 장편 소설일지도 모른다. 매판자본가를 향한 준엄한 꾸짖음이든, 그 곳에도 뿔 달린 귀신이 아닌 우리네 성정과 같은 사람이 산다는 진실의 외침이든, 그가 읽어주는 한 단어 한 단어가 또렷이 내 귀에 들려왔다.

복사꽃이 그 여자 손등 위로 두세 장, 내 볼 위로 서너 장 그리고 벤치 앞에 수십 장이 쌓일 무렵, 나는 스르르 잠이 들었다. 꿈인 듯 꿈이 아닌 듯한 시간 속에서 정혜의 길고 긴 손가락이 내 머리칼 사이를 왔다 갔다 했다. 봄 햇살이 복사꽃 향기에 섞여 윤이 났다.

얼마나 잤을까. 코를 간질이는 봄바람에 잠을 깼다. 살며시 눈을 떴다. 정혜가 책을 읽고 있었다. 올려다 본 정혜의 모습, 사람이 아닌 듯했다.

"당신의 쉼표는 안녕하신가요?" 공원을 걷다가 벤치에 앉아 잠시 쉼표를 찍었다.

정혜는 책을 읽어주는 여자였다. 얼굴이 예쁜 여자도, 섹시한 여자도 아니었다. 내 옆에서 책 읽어주는 여자. 나는 그때 어쩌면 사랑은 '책 읽어주는 소리'에 있지 않을까, 생각했다. 제일 듣기 좋은 목소리를 가진 여자라면 바랄 것이 없었다.

파도 소리를 벗하여 바닷가에서 책 읽어주는 여자의 소리를 들어본 적이 있는가. 나뭇잎 바스락거리는 소리를 벗하여 숲속에서 책 읽어주는 여자의 소리를 들어본 적이 있는가. 침묵을 벗하여 아무도 없는 밀폐된 공간에서 책 읽어주는 여자의 소리를 들어본 적이 있는가. 그 책 읽어주던 여자가 정혜였다.

한 사람을 크게 성장시키려면 엄청난 문화 충격을 경험하게 하라는 말이 있다. 유명한 공연을 보게 하거나, 대 화가의 걸

작품을 감상하게 하거나, 불후의 명곡을 듣게 해주라는 뜻이다. 어린 시절 그 어느 한때, 그 감동을 경험하게 되면 예술적 삶의 기운이 한평생 흐르게 된다고 한다. 온 맘으로 동의하는 말이다.

내게는 정혜의 책 읽어주는 소리가 그랬다. 그 어느 예술가에 못지않은 깊은 울림이었다. 사람이 만들어 낼 수 있는 소리 가운데 가장 사랑스럽고 가장 섹시한 소리였다. 책이 한 장 한 장 넘어갈 때 서걱거리는, 한 문장 한 문장 읽을 때 심장이 뛰는, 그리고 내 맘이 들킬 듯 말 듯 하는 긴장의 소리까지. 태초에 말씀이 있었다면 우리 둘 사이에는 그렇게 소리가 있었다.

봄에 만난 정혜는 가을 나뭇잎 따라 떠났다. 숱한 우여곡절이 있었고 또 희비가 엇갈렸지만 그와 나 사이 절대 잊히지 않을 게 있다면, 그것은 바로 '책 읽는 소리'일 게 분명하다. 보르헤스는 "천국은 도서관 같은 곳일 것"이라고 했다. 그 말을 빌리면 "천사는 어쩌면 책 읽어주는 여자, 정혜의 목소리 같은 것"이 아닐까.

천사를 이 땅에서 만날 수 없듯이, 정혜를 이생에서 다시 만날 일은 없다. 그러나 천사의 음성은 기대할 수 있듯이, 정혜의 책 읽어주던 소리는 기억하면서 살고 싶다. 가을이 깊어간다. 아무래도 내일은 단풍잎 하나 꺾어 시집 사이에 꽂아 놓아야 할 것 같다.

삼겹살이 익는 시간

새벽 한 시, 텔레비전 스크린은 찌지직거리고 있었다.
그윽한 삼겹살 냄새가 거실 안에 가득했다.

"삼겹살 먹을까?"

일요일 저녁, 내가 선창을 하면 아들놈 셋의 합창이 이어진다.

"네!"

"네!!."

"네!!!"

큰놈은 냉동고에서 삼겹살을 꺼내고, 둘째 놈은 신문을 깔고 블루스타를 식탁에 올려놓는다. 막내놈은 수저와 그릇을 챙겨오고, 아내는 기름장을 만든다. 나는 고기를 구울 준비를 한다. 집게와 가위를 들고 다 익은 고기를 먹기 좋게 자르기만 하면 된다.

삼겹살 얘기가 나온 지 정확히 십 분 뒤, 야리야리하게 익은 첫 작품이 나온다. 그 사이 양파 껍질을 벗기고, 감자를 삶아 잘게 썰고, 갖가지 밑반찬이 식탁에 더해진다. 딱 반 평 되는 식탁은 그릇 '디딜' 틈이 없을 정도로 꽉 차 있다.

아들놈들은 이 세상에서 가장 행복한 표정을 짓는다. 삼겹살 기름기가 얼굴에 흐른다. 난 이십 여분간 말 한마디하지 않고 구워댄다. 아들놈들은 정신없이 먹는다. 열 개의 젓가락이 공중에서 춤을 추다 보면 어느 순간, 십자가가 되어 큰놈 고기가 막내놈 고기로 둔갑하기도 한다. 그래도 싸우지 않는다. 다음 고기는 뺏긴 놈 차지이기 때문이다.

삼겹살 일 킬로그램이 완전히 바닥을 드러내면 아들놈들은 내게 정중히 묻는다.

"아빠도 드셔야죠?"

참 예의 바른 아들들이다. 둘째 놈이 바통을 이어받아 고기를 굽는다. 두 번째 삼겹살 팩이 등장한다. 엄마가 없을 때 대타를 하는 놈이라 늘 사려가 깊다. 대신 제 엄마 못지않게 잔소리도 많다. 오늘도 "기름장을 너무 많이 먹지 말라"고 한마디한다.

큰놈은 공동의 일에 관심이 없다. 자기 입만 채우면 된다.

오히려 가만있는 게 낫다. 하는 일이 늘 어설프기 때문이다. 고기를 태우는 것은 예사요, 딱 한 생각(먹을)만 하는지라 불이 센지 흘러내린 기름이 신문지를 흠뻑 적시는지 아무 관심이 없다.

막내 놈은 형 둘 사이에 끼여 눈치 반, 호기 반 상태를 늘 유지하고 있다. 자기 몫을 초과해 먹으면 작은형에게 한 소리 듣는다. 감자에 기름기가 좔좔 흐르지 않는데도 철판에서 내려놓으면 여지없이 뺏긴다. 그렇다고 같이 늙어가는 처지에 매번 당할 수만은 없어서 요즘은 목소리를 높이기도 한다.

세 살 터울의 둘째 놈과 막내 놈은 고기 한 점, 구운 조각 감자 하나 가지고도 치열하게 싸운다. 그 사이 큰놈은 끊임없이 제 몫을 입에 넣는다. "아, 세상에서 제일 맛있는 삼겹살!" 하며 말이다.

삼겹살을 먹기 시작한 지 반 시간이 흘렀다. 그렇다고 먹성 좋은 세 놈의 배가 다 찼다고 생각하면 오산이다.

'엄마, 밥 비벼 먹자.'

이 말을 굳이 겹따옴표가 아닌 홑따옴표를 쓴 건 세 놈 다 늘 무언의 주문을 하는 까닭이다. 철판 위에 남은 높이 오 밀리미터 기름은 냉장고 깊숙이 모셔져 있던 신 김치와 합방한다.

그 위에 콩나물 대가리 몇십 개, 먹다 남은 두부 몇 조각을 더 올려놓고 구운 김을 산산이 부숴 놓는다. 그러면 산처럼 쌓

2008년 1월 초 삼솔(한솔, 예솔, 진솔)이가 한 자리에 섰다.
푸르른 솔처럼 자랐으면 하는 마음으로 이 사진을 찍었다.

인 밥 탑이 또 다른 식욕을 자극한다. 다섯 개 숟가락이 금세 십자가를 만든다. 정확히 너 한 숟갈, 나 한 숟갈의 법칙이 지켜지지 않으면 눈에서 엑스광선이 나온다.

이제 식탁에는 고체가 남아 있지 않다. 시골 쥐가 와도 밥 한 톨, 새앙쥐 똥만한 고기 부스러기 하나 차지할 수 없을 정도로 삭막하다. 식탁 위에는 빈 그릇과 휴지조각뿐, 언제 만찬

이 그 자리에서 있었는지 의문이 들 정도이다. 큰놈은 슬금슬금 제 방으로 들어가려 하고, 둘째 놈은 엉덩이를 쳐들고 소리 내 큰 방귀를 한번 뀌고, 막내 놈은 컴퓨터 앞으로 걸어간다. 이때 내 역할이 중요하다.

"맛있게 먹었으면… 알지?"

설거지 시간. 대부분은 내 차지다. 내가 제일 잘하는 집안일이다. 세 놈은 이삼 분 안에 식기 당번 앞에 모든 씻을 거리를 갖다 준다. 막내 놈은 커피를 타고, 둘째 놈은 쓰레기를 비우고, 아내는 과일을 깎는다. 큰놈은 좁은 거실을 이리저리 왔다 갔다만 한다. 뭘 해야 할지 몰라서, 아니 하고 싶지 않아서다. 나는 창밖에 뜬 달을 바라보며 그릇을 씻는다. 철 수세미로 철판까지 닦아내면 오늘의 설거지는 끝이다.

"영화 한 편 볼까?"

삼겹살 잔치 뒤 우리 집에서 펼쳐지는 문화행사다. 아들놈들은 이때쯤이면 눈치를 챈다. '아빠가 졸리구나.'

디브이디를 틀어놓는다. 주로 액션 영화다. 열 번도 더 본 007 영화, 제임스 본드가 또 가슴 털을 드러내고 예쁜 여자에게 작업을 건다. 요 대목까지는 내 눈이 조금 살아있다.

하지만 몇 분이나 흘렀을까.

"드르릉드르릉! 크으…."

아들 세 놈도, 아내도 거실을 떠난 지 오래다. 자기들만의 공간에서 드라마를 보거나 게임을 한다. 난 옛날 꿈에 젖는다.

1984년 10월 어느 날, 울산 옆에 있는 고리원자력발전소 인근 함바집.

스물두 살 휴학생이 삼겹살을 벗 삼아 목구멍에 소주를 털어 넣는다. 빵끼장이 한 달 봉급 십만 원을 받은 기념이다. 소설 한 편 써보겠다며 배낭에 국어사전과 소설책 몇 권을 싸 들고 집 떠난 지 석 달 만에 느닷없이 군대 영장을 받았다. 논산훈련소로 끌려가기 전 그의 마지막 객기. 쐬주 한 병 마시면 그동안 목에 낀 페인트 때를 벗겨 낼 수 있을 것 같았다.

한 잔, 두 잔, 석 잔…. 그렇게 쐬주에 취해 정신이 혼미한 사이, 어디서 많이 듣던 목소리가 귀를 간지럽혔다.

"아빠, 침대에 가서 주무셔야지요."

늘 친절한 막내 아들놈이다. 제 방으로 들어가는 그놈 뒷모습이 출렁거렸다. 시계를 보니 새벽 한 시, 텔레비전 스크린은 찌지직거리고 있었다. 그윽한 삼겹살 냄새가 거실 안에 가득했다.

이 모든 게 꿈이라면

– 송은혜 님 추모사

책을 한 아름 안은 채 가을바람을 타고
나풀나풀 가셨습니다.
문학소녀같이 싱그럽게 웃으면서 말입니다.

강나루 건너서

밀밭길을

구름에 달 가듯이

가는 나그네

길은 외줄기

남도 삼백리

술익는 마을마다

타는 저녁놀

구름에 달 가듯이

가는 나그네

이 시 기억나시죠? 청록파 시인 박목월의 〈나그네〉입니다. 누님의 가게, 로열 데코(Royal Deco) 한 벽에 정겹게 걸려 있지요. 제가 누님 가게에 들를 때면 늘 이 시를 소리 내 한 번쯤 읽곤 했습니다.

"구름에 달 가듯이 가는 나그네."

그렇습니다. 인생은 다 나그넷길입니다. 여행이 끝나면 본향으로 가야만 하는 나그네. 구름에 달 가듯이 그렇게 가다가, 사라지고 맙니다. 구름 너머 그곳으로 말입니다.

누님을 처음 만난 때는 1997년으로 기억합니다. 시내 퀸 스트리트 영사관 건물에 있던 한솔문화원에서 만났지요. 제가 하던 문화원에 손님으로 오셨습니다. 책을 좋아한다며, 이런 공간이 있어 고맙다며, 제게 힘을 실어주셨지요. 책을 한 아름 안은 채 가을바람을 타고 나풀나풀 가셨습니다. 문학소녀같이 싱그럽게 웃으면서 말입니다. 그 뒤 스무 해가 가까운 세월을 원장과 손님 관계를 넘어 지냈지요. 제게는 피를 나눈 친누님 못지않았습니다.

누님을 생각하면 작가 오정희 선생이 생각납니다. 오 선생은 〈중국인 거리〉, 〈유년의 뜰〉, 〈가을 여자〉라는 작품으로 유명한 한국의 대표 소설가이지요. 누님을 볼 때마다 그분

오클랜드에서 로열 데코를 운영하던 송은혜 님은 내 친누이 못지않았다. 책을 좋아하는 문학소녀이기도 했다.

이 생각나 "소설 한번 써 보세요" 하곤 했지요. 그때마다 "글은 뭐…" 하며 부끄러워하셨지요.

힘든 항암 치료를 받던 몇 달 전 "머리까지 하야니까 정말 오정희 선생님 같네요. 이번 기회에 명작 한 편 남기시지요" 하며 농담 반 진담 반 섞인 얘기를 했습니다. 그때도 "글은 뭐…" 하며 객쩍은 소리 하지 말고 커피나 마시고 가라고 했지요.

누님은 제게 그 누구보다 든든한 후원자였습니다. 제가 급전이 필요할 때마다 전화를 하면 한마디 지청구도 없이 "일단 와봐" 하시곤 했지요. 어색함을 애써 감추며 로열 데코에 들어서면 따듯한 차 한 잔을 건넸지요. 그리고는 "좋은 날 있을 거야. 기도할게" 라고 하며 허리를 숙여 캐비닛 깊숙이 숨겨 놓은 비상금을 털어주곤 했지요.

그 은혜를 갚을 길이 없는 저는 늘 호기만 부리곤 했습니다.

"로열 데코에 있는 물건 다 사면 얼마쯤 해요? 한 십만 달러 하나요? 조금만 기다리세요. 제가 한번 골든 벨을 울릴게요."

이 말은 정말로 빈말이 아니었습니다. 돈만 생기면 가게에 있는 물건을 한꺼번에 사서 이웃에게 돌리려고 했습니다. 죽기 전 하고 싶은 버킷 리스트가 아니라, 살아서 제가 하고 싶은 일 중 하나였어요. 그런데 결국 빈말이 되고 말았네요.

한 달 전, 비가 심하게 몰아치던 그 날. 저는 1번 고속도로에 있었습니다. 그때쯤 누님 상태가 많이 안 좋다는 소식을 들었지요. 앞 유리창 닦개를 일 초 간격으로 고정해 놓고 앞만 보며 운전을 하고 있는데, 갑자기 눈물 서너 방울이 떨어졌어요.

'누님이 많이 아프면 안 되는데…. 아직 때가 아닌데…. 돌볼 사람도 있고, 해야 할 일도 남아 있는데…. 그리고 내가 한 약속도 지켜야 하는데…'라는 생각을 했지요.

오클랜드에 돌아온 뒤 전보다 더 핼쑥해진 누님을 다시 만났지요. 나를 보자마자 내 손목을 잡고 우셨지요.

"동생, 나 좀 살려줘. 내가 뭘 그리 잘못했다고…. 기도해 줘, 알았지? 나 더 살아야 해. 아직 죽으면 안 된다고."

누님은 그렇게 울부짖었지요. 그런데 저는 그 말을 진지하게 듣지 않고 "천국 가실 때 나를 좀 데리고 가세요. 너무 일찍 혼자 가시면 외롭지 않으시겠어요. 그 좋다는 천국에 동무 하나쯤 같이 가면 좋잖아요" 하며 에둘러 말을 했지요. 그 몹쓸 암을 이겨내고 오래 사시라는 뜻이었어요.

그런데 사흘 전, 누님의 죽음 소식이 들렸어요. 그날 낮, 그토록 사랑하고 애처로워하셨던 동오에게서 누님이 호스피스 병원에 있다는 얘기를 그냥 스쳐 들었지요. 며칠 뒤면 집에 오시려니 하고 생각했습니다. 그렇게 말 한마디 못하고 허망하게 가실 줄은 정말로 정말로 몰랐습니다.

어젯밤 늦게 누님이 지상에서 남긴 마지막 글을 받았습니다. 태블릿 피시에 적어놓은 그 글은 결국 유서가 되었네요. 첫 문장은 이렇게 시작되었지요.

"꿈이라면 싶었다. 이 모든 게 꿈이라면…."

그러면서 남은 생애를 하나님을 모르는 가족 전도에 힘을 쏟겠다고 했지요. '동생 재철이에게 미안하다'는 글이 유독 눈에 들어왔어요. 친동생 재철 씨를 향한 그 마음, 제가 대신 전해 드릴게요.

이제… 슬프지만, 안녕을 고하려고 합니다. 한평생 험한 세상 사시느라 수고하셨어요. 슬픔도, 고통도 없는 하나님 나라에서 편히 쉬세요.

끝으로 평소 누님이 좋아하던 시 한 수 올려 드립니다. 천상병 시인의 〈귀천〉입니다.

귀천

나 하늘로 돌아가리라
새벽빛 와 닿으면 스러지는
이슬 더불어 손에 손을 잡고,

나 하늘로 돌아가리라
노을빛 함께 단 둘이서
기슭에서 놀다가 구름 손짓하면은,

나 하늘로 돌아가리라
아름다운 이 세상 소풍 끝내는 날,
가서, 아름다웠더라고 말하리라

2014년 8월 11일
박성기 올림

뉴질랜드가 자랑하는 세계적인 관광지 '밀퍼드 사운드'(Milford Sound),
이곳을 지나면 천국에 이를 것 같았다.

“저에게는 꿈이 하나 있었습니다.

이민을 오기 전부터 품었던 꿈입니다.

한옥 도서관(문화원)을 짓는 일이었습니다.

한국의 숨결을 느끼며,

멋진 공간에서 책을 읽으며,

우리 모두의 인생이 풍요로워지기를 바랐습니다.

제 역부족으로 완성을 못 하고 가지만,

기둥 하나는 올려놓았다고 자부합니다.

나머지는 여러분이 해 주세요.

부탁합니다.”

– ‘홍길동이 죽었습니다’ 중에서

Part 3

내 친구, 은경이

이 깊은 밤 잠 못 이루는 나는 내 사반세기 친구,
은경이의 너털웃음과 팔자걸음이 그립다.

"박성기 씨?"

은경이가 입을 크게 벌리고 웃는다. 풍성한 위아래 입술 사이로 터져 나온 웃음소리가 사방 이십 미터까지 퍼진다. 경상도 여자는 이렇게 다 시끄러운가. 같이 걷는 내가 조금은 민망하다. 반가움의 표시치고는 다소 지나치다. 옛 친구와 나눈 해후가 명동 오후의 햇살에 빛난다. 합쳐 백 세가 넘은 우리는 합쳐 오십 년이 넘은 우정을 느낀다.

뚜벅뚜벅, 성큼성큼. 보폭이 나보다 길다. 폭의 각도도 더 넓다. 전형적인 팔자걸음. 은경이는 엉덩이를 조금 뒤로 빼고,

나는 엉덩이를 바투 조이고 걷는다. 남자인 내가 보조를 맞춰야 한다. 걸을 때 신발 뒤꿈치 소리가 들린다. 뒷굽에 실린 무게가 대지를 사정없이 누르는 소리다. 뒤도 옆도 보지 않고 걷는다. 입으로는 나와 얘기하고, 발로는 세상과 대화한다.

가수 정태춘의 부인, 박은옥을 닮았다. 얼굴이 좀 크다. 어깨가 넓고, 기골이 장대하다. 길을 걸을 때 유독 팔을 거세게 흔든다. 키는 165cm 정도. 말투, 걸음걸이, 몸동작 모두 싱싱하다. 어디 하나 또렷이 예쁜 데도 없지만 그렇다고 뚜렷이 못생긴 데도 없다. 미인이 아니니 박명할 염려는 없다. 나이 들었으면서도 착하게 보이는 운동권 학생 같다.

내가 은경이를 처음 만난 것은 스물일곱 살 때다. 같은 신문사는 아니었지만 우리는 둘 다 글 쓰는 일을 했다. 은경이는 유독 사람 냄새 물씬 풍기는 르포 기사를 잘 썼다. 동료 기자들 사이에 '글 잘 쓰는 기자'로 알려졌다. 나는 남이 조금 인정해 주는 그저 '기획만 잘하는 기자'였다. '무언가를' 잘하는 우리는 금세 친구가 됐다. 우리는 동갑(1963년 토끼띠)이기도 했지만 서로 뜻이 크게 엇갈리지 않았다.

자연스레 자주 만나 맥주를 마시며 한국 교계의 병폐를 논했다. 은경이는 보수 교단의 반민주성을, 나는 교계 지도자의 강단 뒤 위선을 고발했다. 맥주병이 하나둘 쌓여가다 보면 주제는 자연스럽게 다른 곳으로 흘렀다. 소외 계층과 책에 대한 얘기였다. 은경이는 유독 장애인에 애정이 많았고, 나는 헌책에 관심이 많았다. 스물다섯 해 전쯤, 한국 사회에서 장애인은 '버림받은 자'들이었다. 헌책은 그 지경까지는 아니었다.

은경이는 기자 생활 서너 해 만에 글 쓰는 일을 포기했다. 출판사를 차리고 싶었지만, 여건이 안돼 대타로 출판기획사 비슷한 것을 차렸다. 명동성당 앞에 있는 대한YWCA연합회 건물 6층에 터를 잡았다. 원고 쓰고, 편집하고, 교정 보는 일을 혼자 다 했다. 완전 일인회사였다.

나는 서른두 살에 뉴질랜드에 이민을 왔다. 그 나이 때 누구는 "세상을 구원하기 위해 십자가에 못 박혀 죽었"지만, 나는 한국의 불가해한 현실이 싫어 따뜻한 남쪽 나라로 피신했다. 그때 나보다 나를 더 걱정해 준 친구가 은경이었다. "힘들어도 같이 살자"라고 부탁했다. 비참한 장애인들의 현실을 그 누구보다 안타까워했던 은경이를 뒤로하고 나는 '나 혼자만 잘살겠다'며 호기 있게 비행기에 올라탔다.

한국을 떠난 지 벌써 스무 해가 넘었다. 그 사이 이삼 년 주기로 한국을 방문했다. 그때마다 은경이를 만났다. 은경이는 내게 밥을 사 주고, 음악 공연을 구경 시켜 주고, 좋은 곳을 소개해 주었다. 그 덕에 명동에서 가장 유명하다는 부침개를 맛보았고, 예술의전당 앞 소극장에서 세계적인 첼리스트의 연주

2013년 한국을 방문했을 때
은경이(체크남방)의 고향인 안동을 찾았다.
옛친구 강영미가 동행했다. 안동군 도산면에 있는 밥집에서.

를 만끽했다. 은경이는 체류비도 여유 있게 건넸다. '친구라면 그 정도는 해 줄 수 있는 게 아니냐'는 게 그의 마음이었다. 그 때마다 은경이에게 나는 몸과 맘만은 줄 수 없는, '남자 사람 친구'였다.

몇 해 전, 한국을 방문했을 때 그와 또 한 명의 유부녀(셋 다

친구 사이)와 함께 일박이일 여행을 떠났다. 오롯이 나만을 위해 준비한 행사였다. 가을 단풍 놀이였다. 은경이가 태어나고 자란 고향, 안동에는 볼 것이 많았다. 안동댐, 도산서원, 이육사기념관…. 세상 잡음 안 들리는 그곳에서 우리 우정은 더 깊어갔다.

안동 인근 청계산에서 펜션 하우스를 운영하는 은경이의 고향 선배를 만났다. 그가 은경이를 보자마자 처음 한 말이 지금도 기억난다.

"여자 웃음소리가 그게 뭐냐? 팔자걸음도 좀 고치랬더니…. 그래서 시집을 갈 수 있겠나?"

은경이는 아무 말도 안 했다. 오히려 더 크게 웃고, 아무 죄 없는 길가의 돌멩이만 그 큰 발로 거칠게 찼다. 나는 애써 얼굴을 돌려 옹골지게 흘러가는 계곡물을 응시했다. 늘 씩씩했지만, 그날따라 마음 아프게 더 씩씩했던 그의 몸짓을 보며 나는 차마 못 볼 것을 본 듯 가슴이 저렸다.

내 친구, 은경이의 꿈 가운데 하나는 내가 사는 뉴질랜드에 놀러 오는 것이다. 사진을 기가 막히게 잘 찍는 그는 "남섬은 셔터만 누르면 달력 사진이 된다"라는 조금은 과장된 내 말에, 그 사실을 확인하기 위해서라도 한번은 오겠다며 벼르고 있다. 그때가 언제가 될지 나는 잘 모른다. 그저 은경이 옆에 나 말고 다른 남정네가 있었으면 좋겠다는 생각뿐이다.

요즘 내 친구, 은경이가 어떻게 사는지 알려주고 싶다. 비록 돈은 크게 안 되지만 출판 대행 회사 같은 것을 꾸역꾸역 하고 있다. 그때나 지금이나 사람 사는 세상을 조금 더 밝게 해 주는 장애인들과 함께 하는 활동은 늘 그의 행복 일순위다.

이 깊은 밤 잠 못 이루는 나는 내 사반세기 친구, 은경이의 너털웃음과 팔자걸음이 그립다.

하늘이 푸르게 맑은 날,
안동 낙동강변에 있는 예술의전당 광장에
나란히 누웠다.
우린 웃고 웃고, 또 웃었다.
오랜 만에 만난 세 친구는
그렇게 세 개의 '웃음'이 되었다.
(2013년 가을)

눈빛

나는 사람 마음이 가슴에 있다고 믿지 않는다.
눈에도 보이지 않는 가슴속에 있을 리가 없다.

오래전 교회 세미나에 참석한 적이 있다. 주제는 생각이 나지 않지만 부부 중심으로 모인, 편한 형식의 간이 세미나였다. 강사는 우리 부부를 포함해 열 쌍 정도의 참가자들에게 배우자 눈을 삼 분간 바라보라고 했다. 다른 부부들은 강사 말을 따라 서로의 눈 속에 빠져들었지만 나는 눈 둘 곳을 찾지 못하고 헤매기만 했다. 아내가 몇 차례 재촉했지만 내게는 시간 내 풀 수 없는 시험처럼 힘든 과제였다. 결국, 눈도 제대로 못 맞추고 세미나장을 나왔다.

아마 그날 세미나를 그런 식으로 풀어나간 까닭은 '눈빛'의 중요성을 알려 주기 위해서였을 것이다. 다른 내용은 기억이

나지 않아도 세미나를 이끈 강사가 행사가 끝난 뒤, 자기 신체 가운데 가장 맘에 안 드는 곳이 바로 눈이라고 했던 말이 생생히 떠오른다. 정말로 그 강사 눈은 제대로 보기가 민망할 정도로 풀어져 있었다. 그래서 어쩌면 눈의 가치, 눈빛의 중요성을 강조하려고 했는지도 모른다.

이십 대 총각 시절, 연애를 여러 번 했지만 배필을 찾는 데는 실패했다. 여자들은 이구동성으로 "좋은 친구(애인)는 될 수 있을지 몰라도 남편감으로는 부족하다"고 했다. 현실 감각이 없다는 뜻을 돌려 말한 것이었다. 여행 다니기 좋아하고 책 모으는 일에만 매달린 나는 딱히 변명도 할 수 없었다. 누구보다 내가 나를 더 잘 알기 때문이었다.

그러다가 1992년 6월 6일 현충일, 유한공전 건너편에 있던 동네 다방에서 한 처자와 선을 봤다. 아버지가 국민은행에 다니던 아가씨 하나를 미리 점찍어 놓고 내 의사와 상관없이 약속을 잡았다.

다방 문을 열고 들어서자 흰 바지에 파란색 블라우스를 받쳐 입은 아가씨가 한구석에 앉아 있었다. 내 맞선 상대였다. 다른 건 몰라도 눈빛 하나는 지금도 분명히 기억난다. 강렬해서가 아니라 빛났기 때문이었다. 사랑스러워서가 아니라 사랑해야 할 것 같아서였다.

세 번 만나 결혼 날짜를 잡았다. 첫 만남 뒤 정확히 47일 만인 칠월 중복 날 저녁 여섯 시에 결혼식을 올렸다. 훗날 내가 뭐가 맘에 들어 결혼을 결심했느냐고 물었더니 "착해 보였다" 라고 답했다. 나는 "당신 눈빛이 강렬해 그랬다"라며 얼버무렸다. '맞벌이를 할 수 있어 좋았다'는 말은 입속에 숨겨 놓았다.

키는 작았지만 눈 하나만큼은 한국 여성 평균보다 훨씬 컸다. 스물일곱 살 처녀 눈은 더 빛났다. 다음 해, 큰아들 한솔이가 세상에 나왔을 때 눈이 얼굴의 절반을 차지하고 있었다. 엄마 눈을 닮았다. 간호사가 "어머, 아기 눈이 어쩜 이렇게 클 수 있어요?" 하며 놀라던 기억이 난다.

세월이 흐르면서 아내의 큰 눈에 눈물이 고이기 시작했다. 한 방울 두 방울이 모여 간장 종지를 채웠고, 남몰래 눈물을 훔치며 '착해만 보였던' 남편을 원망해야 했다. 전적으로 현실 감각 없는 내 탓이다.

"눈빛만 보아도 알아요/ 그래도 난 알 수 있어요/ 즐겁고 다정한 얘기는/ 눈빛만 보아도 알아요…"

만년 소녀 같은 가수 박인희의 노래 〈눈빛만 보아도〉를 흥얼거린다. 여기서 '알아요'는 '알~아요'하고 불러야 제맛이 난다. '알'에 힘을 좀 주고 '아요'를 길게 늘어뜨려야 한다. 그래야 '눈빛만 봐도' 정말로 알 수 있다.

다른 사람 눈을 제대로 보기가 쉽지 않다. 동양에서는 남의 눈을 보며 얘기하는 것을 무례하다고 생각한다. 전형적인 한국 사람의 피가 흐르는 나 역시 그 전통을 무시할 수 없다. 서양 국가인 뉴질랜드는 정반대다. 눈을 보고 얘기하지 않으면 무시당했다며 섭섭해한다. 책방 손님을 대할 때 유독 눈에 더 힘을 주었던 이유는 바로 그것 때문이다.

눈을, 아니 정확히 말해서 눈빛을 보면 사람을 90%까지는 알 수 있다. 상대방이 나를 어떻게 생각하는지 말이다. 반대로 말하면 상대방도 내 눈빛을 보고 많은 정보를 알아낼 것이다. 아무리 숨기려 해도 사랑의 눈빛, 분노의 눈빛, 실망의 눈빛이 그대로 드러난다는 뜻이다.

나이 쉰이 넘었는데도 예쁜 여자, 매력적인 여자를 보면 눈을 어디에 둬야 할지 모른다. 혹시라도 내 눈빛에 '바람기'가 묻어날 것 같아서다. 그렇다고 초점 없는 눈동자를 들이댈 수 없어 허공을 향해 눈빛을 쏜다. 어쩌면 죽을 때까지 그 광선은 과녁을 제대로 못 맞힐 것 같다.

아들 셋의 눈도 제대로 보지 못한다. 한평생 살면서 누릴 기쁨보다 겪을 슬픔이 더 많고 크다는 것을 잘 알아서다. 아무리 사랑스러운 세 아들일지라도 내 눈빛에 스며 있을 그 걱정을 애써 드러내고 싶지 않다. 그저 곁눈질로 말하고, 손동작으로 감정 표현을 대신하면 될 일이다.

여든 넘은 울 엄마 눈빛은 늘 저세상 너머에 있는 것 같다. 억지로 사시는 것은 아니지만, 당신의 소망이 저 하늘에 있어 보인다. 살 만큼 산 사람만이 가질 수 있는 눈빛이다. 그 눈빛을 어떻게든 외면해야만 하는 아들 처지에서 그저 빈말일지라도 '엄마 눈은 연세보다 더 빛난다'고 위로해야만 한다.

돌이켜보면 사람(여자) 때문에 많이 울었고, 나 또한 많이 울렸다. 그런데 곰곰이 생각해보니 한 떨기 장미꽃처럼 불쌍하게 떨어진 그것은 눈물이 아니라 어쩌면 눈빛인지도 모를 일이다. 눈빛은, 그것이 증오이든 실망이든 또 연민이든 아쉬움이든 그렇게 사라져가지 않았을까.

나는 사람 마음이 가슴에 있다고 믿지 않는다. 눈에도 보이지 않는 가슴속에 있을 리가 없다. 감정 숨기기를 좋아하는 사람들이 남에게 들키지 않기 위해 만들어낸 말일 뿐이다. 그렇다면…. 두말할 나위도 없이 두 눈, 그 어떤 모양의 눈빛이든 바로 거기에 있다고 믿는다.

아내를 만난 지 스물다섯 해가 다 되어 간다. 스물일곱 살 처녀의 맑고 강렬한 눈빛에 빠져 한 달 보름 만에 결혼까지 했다. 그동안 쌓인 섭섭한 마음을 풀어주기 위해 억지로라도 아내의 눈빛을 다시 들여다봐야겠다.

산책하는 이의 세 가지 즐거움

유리창 너머에서 한 여자가 요리를 하고 있다.
서른다섯쯤 됐을까.
앞치마를 두른 모습이 어색함과 익숙함 사이에 있다.

올해 초, 내 나름대로 결심한 것 가운데 하나가 바로 산책이다. 당초 내 생각은 좀 거창하게 말하면 달리기, 솔직히 말하면 빨리 걷기였다. 그런데 둘 다 할 수 없을 것 같았다. 달리다가 지쳐 쓰러질 것 같고, 그렇다고 빨리 걷다가는 다리가 짧아서 걸음이 꼬일 것 같은 불안감 때문이었다. 그래서 그냥 걷기, 좀 우아한 말로 '산책'으로 정했다.

산책 코스는 주로 집 주위나 콘월 공원(Cornwall Park, 일명 One Tree Hill 공원)으로 잡았다. 지금 사는 곳으로 이사를 온 지 두 해나 됐지만, 집 근처를 돌아다녀 본 적이 별로 없다. 주로 차를 타고 다니고, 시내에 나갈 때는 주차 문제로 버스를 이용하곤 한다. 그러다 보니 내가 사는 동네가 어떤 특색이 있는지 전혀 몰랐다.

콘월 공원은 오클랜드 시내 쪽에 사는 사람들에게는 유명한 공원이다. 산책하고, 달리고, 빨리 걷는 사람들로 붐빈다. 키 작고 배 나온 내 추한 모습을 보여주기 싫어 될 수 있으면 사람들 눈을 피해 한적한 길을 산책한다. 조금 기분이 좋으면 시속 6km로 달리는 만용도 부려 보고, 짧은 다리를 열심히 휘저으며 빨리 걷기도 해 본다. 제풀에 지쳐 나름 우아한 산책 모드로 바뀌는 데는 채 오 분도 걸리지 않는다. 이때 철학자같이, 작가같이 고뇌하는 척을 한다. 당연히 걸음이 느려진다. '아, 명문장이 떠올랐다.' 그러며 벤치에 앉는다.

내 산책은 고독하다. 객체로 왔다가 객체로 간다. 철저히 나 혼자만의 유희다. 남들은 닭살 돋게 부부끼리, 애인끼리, 친구끼리 잘들 한다는데 나는 솔직히 말해 걸리적거려 그렇게는 못 한다. 이 세상에 어떤 철학가가, 어떤 작가가 객체들과 심호흡을 나누며 산책한단 말인가.

그네와 청바지

운동화 끈을 바투 조이고 산책길에 오른다. 예상 소요 시간은 한 시간. 집을 나서자마자 한창 건축 중인 삼 층짜리 아파트 공사 현장이 나온다. 우리 집 일조량을 심하게 갉아먹는 주범이다. '방 두 개, 47만 달러부터 시작, 시내 전망 끝내줌.'

왼쪽으로 틀면 집이 한 채 두 채 보이기 시작한다. 하나같이 백 년 가까이 됐을 만한 오래된 집들이다. 그만큼 역사가 스며있다는 뜻이다. 오십 미터쯤 걸었을까, 널빤지 하나가 공중에 떠 있는 모습이 눈에 들어온다. 그 위에는 동아줄 같은 밧줄…. 애 둘 팽개치고 하늘나라로 간 선녀가 방금 떠난 듯 허망하다.

다시 걷는다. 유리창 너머에서 한 여자가 요리를 하고 있다. 서른다섯쯤 됐을까. 앞치마를 두른 모습이 어색함과 익숙함 사이에 있다. 날 보며 무심히 웃는다. 나는 애써 무시하고 걸음을 옮긴다. 가정에 평화가 있기를 빈다.

이십 분쯤 걸었을까. 사거리 신호등이 보인다. 벽을 잡고 다리 긴장을 풀면서 신호 바뀌기를 기다린다. 행인은 나 혼자. 차 사이로 가을이 지나간다. 큰길 옆에 가게들이 줄지어 서 있다. 피시앤칩스(간이음식점), 데어리(잡화점), 론드리(빨래방), 바푯앤톰슨(복덕방 사무실)…. 그 상가들 끝에 허름한 가게가 눈에 띈다. 지나치다가 멈춘다. 그리고 문을 연다.

삐꺽. 중년 남자가 정물처럼 앉아 있다. 인사도 없다. 영화 《석양의 무법자》 포스터, 잡지 〈내셔널지오그래픽 1972년 판〉, 군수품 이차 대전 군인 물통. 빈티지 가게다. 발 디딜 틈 없는 두 평 공간에 남자의 가을이 전설처럼 남아 있다. 청바지 하나를 골랐다.

"트웬티 달러."

그 남자가 내게 한 유일한 말이었다.

"이탈리아 제품이네."

등 뒤에서 그의 빈티지 목소리가 들렸다.

휠체어와 첨탑

아파트 공사 현장 맞은편에 큰 건물이 하나 있다. 오클랜드 필하모니 오케스트라 연습장이다. 아침저녁, 대형 트럭이 건물 앞에 서 있다. 건장한 인부들이 악기와 의자를 옮긴다. 그 옆을 지나갈 때마다 카라얀의 지휘봉이 내 앞에서 춤을 춘다. 그 건물과 이어진 건물(아니 가게)에 오퍼튜니티 숍(Opportunity Shop, 중고용품 판매점)이 있다. 가게 수익금은 전액 장애인을 위해 쓰인다. 책은 오십 센트, 옷은 일 달러, 좀 더 그럴듯한 것은 이 달러나 삼 달러 정도에 팔린다. 가게를 통째로 사도 천 달러도 안 될 것 같다.

휠체어를 탄 장애인이 얼굴과 몸을 비비 꼬며 물건을 고른다. 검정 구두를 한 켤레 계산대에 올린다. 십 문 칠쯤 되려나. 비닐봉지에 들어 있는 구두가 힘에 겨운 듯 축 늘어진다. 나도 하나. 허름한 삼단 책꽂이에 엉성하게 꽂혀 있는 『튜즈데이스 위드 모리스』(Tuesdays with Morris)를 꺼낸다. 단돈 오십 센트. 가게 구석에 엘피판이 보인다. 서른 장쯤 되려나. 한글이 내 눈을 꼬신다. 《배따라기 2집》(1984)이다. 타이틀 곡은 〈내 마음은 외로운 풍차예요.〉 이 달러짜리 동전 하나를 더 올린다.

자, 이제 해찰은 그만. 다시 걷는다. 저 멀리 교회가 보인다. 러시아 정교회다. 그 위에 첨탑 하나가 하늘을 향해 뻗어 있다. 예수 믿는 사람만이라도 구원해 달라는 표시일까. 아니면 구원을 받으려면 이곳에 오라는 표시일까. 갑자기 헷갈린다. 고색창연, 여기에 어울릴 말이다. 건물도, 건물 그림자도, 그림자 밑 낙엽도 고색이 창연하다. 가을이 신의 마당에서 기도하고 있다.

구름과 구름들

콘월 공원 산책이 끝나면 늘 내가 즐겨 찾는 벤치에 앉는다. 새 소리, 나무 소리, 바람 소리가 귀에 익을 즈음, 나는 팔을 벌리고 눕는다. 그때 내 눈앞의 열에 아홉은 구름이다. 나무 너머 구름, 그 구름 너머 구름, 그리고 그 구름 너머 구름 너머 구름들.

길지 않은 기간이지만 요 몇 달 산책을 하면서 '내가 구름을 참 좋아하는구나!'라는 생각을 하게 됐다. '길고 흰 구름의 나라'답게 뉴질랜드 하늘은 구름으로 가득 차 있다. 산책하다가 심호흡도 할 겸, 잠시 쉴 때면 늘 하늘을 쳐다본다. 그때마다 구름이 보인다. '저 구름 흘러가는 곳 내 마음도 흘러가리' 하는 가곡의 가사처럼, 흘러가는 구름을 보며 내 인생을 반추하곤 한다.

누워서 보는 구름은 더 환상적이다. 이삼 분쯤 보다가 눈을

동네를 산책하다가 만난 '길거리 찻집'. 보기만 해도 정겹다.

감으면 내가 구름에 푹 빠진 느낌이 온다. 하늘을 나는 기분이다. 그 어느 때가 될지 모르지만, 내 생이 다했을 때 내 육신 아니 내 영혼이 구름에 있기를 꿈꾼다. 물리적으로 절대자의 세계에 가장 가까운 곳이 바로 그 구름일 것으로 믿어서이다.

헬렌 켈러는 만약 눈을 떠 사흘만 볼 수 있다면 먼저 자기를 도와준 설리번 선생을 만나 보겠다고 했다. 그다음 날에는 숲 속에 나무와 꽃을, 그리고 마지막 날에는 시장에 가서 사람들의 떠들고 웃는 모습을 보고 싶다고 했다. 그 뒤 자기를 볼 수 있게 해준 하나님께 감사하며 영원히 암흑의 세계로 돌아가겠다고 했다.

나 역시 사흘만 세상을 산책할 수 있다면 그렇게 하고 싶다. 나뭇가지에 매달린 그네에 타보기도 하고, 사라져 가는 것들을 주의 깊게 보기도 하고, 내가 가야 할 그 구름 나라 본향을 기대하며 잠들고 싶다.

*이 글의 제목은 1999년 제33회 이상문학상 대상작인 김연수의 '산책하는 이들의 다섯 가지 즐거움'에서 빌려왔다.

선교사와 고스톱, 그리고 카프카

앞장을 펼쳐 내게 보여줬다.
연필로 이런 글이 쓰여 있다.
"다시, 카프카다."

오래전 아프리카 여행 때 한국 선교사 도움을 받은 적이 있다. 돌아갈 비행기표가 없다는 이유로 케냐의 나이로비 공항에 구금됐다. 출입국 관리자가 나이로비에 아는 사람이 있느냐고 물었다. 잘 알지도 못하는 한국 선교사 이름을 댔다. 대여섯 시간 뒤 그 선교사가 왔다. 자기가 신분 보증을 할 테니 입국을 허락해 달라고 했다. 난 풀려 나왔다.

선교사 숙소에서 며칠을 보냈다. 선교 현장을 둘러보기도 했다. 그러면서 친해졌다. 그 당시만 해도 배낭여행자가 아프리카까지 오는 경우는 드물 때라 선교사는 나보고 참 대단한 친구라며 치켜세웠다. 둘이서 마사이 마을을 가기도 했고, '카지노 황제' 전낙원이 운영하던 파라다이스 호텔에서 민속춤을 구경하기도 했다. 선교사도 외로웠던 모양이었다. 나보다 대여섯 살 많았던 그는 나를 동생 대하듯 편하게 해주었다.

나이로비에서 우간다 수도 캄팔라까지 지프를 타고 선교지 답사를 나갔다. 열 시간 넘게 걸리는 장거리 여행이었다. 독재자 이디 아민의 나라, 우간다는 내게 공포의 나라였다. 그의 악명을 익히 알고 있어서였다.

아스팔트 길도 아닌, 그렇다고 흙길도 아닌 고속도로를 한동안 달리자 국경수비대가 나타났다. 국경선은 달랑 통나무 한쪽. 위로 들어 올리면 통과, 안 들고 딴 짓을 하면 보류라는 뜻이었다. 당나라 군대 같이 맥없어 보이는 군인 몇이 여권을 요구했다. 선교사는 여권 사이에 과자 몇 개를 올려줬다.

캄팔라에 도착했을 때 가장 두려웠던 것은 에이즈였다. 에이즈의 발원지가 그 인근이었다. 혹시나 나도…. 결혼도 못해 보고…. 캄팔라 선교 현장에 며칠 동행했다. 그 사이 한국 대사관저에서 멋진 저녁 대접도 받았으며, 교민 사업가 집에 초대받아 근사한 저녁을 즐기기도 했다. 그 사업가는 신발로 떼돈을 벌었다고 했다. 당시 원주민들은 폐타이어를 잘라 얼기설기 만든 신을 신고 다녔다. 그들에게는 그것도 나름 훌륭한 신발이었다. 그 사실을 파악한 사업가는 부산에서 떨이 신발을 컨테이너로 들여와 오천 원에 팔아 돈을 긁어모았다고 했다.

다시 지프를 타고 선교 캠프가 있는 나이로비행 주행에 들어갔다. 긴 여행이라 그런지 선교사가 제안을 하나 했다.

"박 기자, 우리 유행가나 부르며 갈래?"

장거리 여행에 피곤했는지 색다른 활력소를 찾고 싶었던 것 같다.

"좋지요. 선교사님이 먼저 멋지게 뽑아 보세요."

선교사는 기다렸다는 듯이 노랫가락을 뽑아냈다. 이미자와 현인, 심수봉과 나훈아…. 아프리카 황량한 들판에 구성진 노래가 한 소절 한 소절 바람을 따라 퍼져 나갔다. 나 역시 화답송을 목청 높여 불렀다. 그 자리에 '선교사'나 '기자'는 없었다. 조용필의 노래처럼, 그저 외로운 킬로만자로의 표범들이 울부짖었을 뿐이다.

그날 숙소로 돌아와 저녁을 먹는데 갑자기 선교사가 물었다.

"박 기자, 고스톱 칠 줄 알아?"

"물론이죠."

밥상을 물리고 판을 벌였다. 모 국립대학 국악과 출신의 사모님까지 얼굴에 홍조를 띠며 가세했다. 셋은 한바탕 소박한 노름판을 즐겼다. 더할 나위 없이 행복한 시간이었다. 그날 우리는 예수님 얘기도, 선교 얘기도 하지 않았다. 삼 미터 앞 벽에 걸려 있던 십자가가 우리를 째려봤지만, 애써 무시했다. 나도, 선교사 부부도 그 어느 한때는 평범한 사람이 되고 싶었다.

얼핏 그 선교사 이름은 철호 혹은 성호로, 선교사 부인의 이름은 영미 혹은 미영으로 기억되는데 사실 이름은 그다지 중요하지 않다. 그들의 고귀한 땀 위에 내가 잠시 부채질을 해 주었다는 게 좋았을 뿐이다.

어제 오후 책방에 한 분이 찾아오셨다. 내가 그를 부르는 호칭은 '선교사님'이다. 솔로몬, 바누아투 등 남태평양 지역 선교를 맡아 하신다. 환갑이 갓 넘으신 이분은 종종 나를 찾아온다. 성경 얘기를 거의 하지 않는다. 세상 얘기, 아니 문학 얘기를 주로 한다. 내가 그분을 선교사님이라고 부르긴 하지만, 나이 차를 넘어 문우(文友)로서 이런저런 얘기를 나눈다.

그는 대화가 끝나갈 무렵, 낡은 가방에서 책을 한 권 꺼냈다. 살림출판사에서 펴낸『프란츠 카프카』였다. '살림지식총서 52.' 3,200원짜리 포켓북. 착한 가격이다. 앞장을 펼쳐 내게 보여줬다. 연필로 이런 글이 쓰여 있다.

"다시, 카프카다. 2014년 8월."

한국 갔다 오면서 책방에 들러 사 왔다고 한다. 젊은 시절, 카프카를 좋아했다가 복음을 만난 뒤 버렸다(?)고 했다. 그런데 환갑 넘어 다시, 카프카를 찾았다. 나는 이유를 묻지 않았다.

책은 이렇게 시작된다. 내 기억이 맞는다면 말이다.

"카프카는 체코 프라하에서 태어났다. 그는 독일어로 작품을 썼다. 그는 한평생을 고독하게 살았다."

유대인으로 체코에서 태어나 독일어로 작품을 썼지만, 독일

작가로 분류되지 않는 카프카. 그의 한평생은 고독했다. 그게 작가의 길이라고 생각했기 때문이었다.

'선교사는 왜 다시, 카프카를 꿈꿨을까.' 난 그게 한없이 궁금했지만, 차마 물어볼 수는 없었다. 그의 빛나는 눈동자에서, 나는 또 다른 세계의 그리움을 엿보았다.

오클랜드 초창기 역사를 간직하고 있는 콘월리스 다리(Cornwallis Bridge).

책까지 파는 바보

지금 우리 집 냉장고는 안녕하지 못하다.
그래도 쌀독은 안녕하다.
'견딜 수 있을 만한 가난'이라고 할 수 있다.

서너 해 전 어느 날, 갑자기 집에 쌀이 떨어졌다. 바빠서 쌀을 못 산 게 아니라 돈이 없어 못 산 것이다. 아니 쌀 한 포대가 얼마나 한다고, 쌀이 떨어지느냐고 비웃어도 상관없다. 때로는 몇십 달러가 없어 쌀을 못 사는 사람도 있다는 것만 알아주면 된다.

과장해서 한 얘기다. 아무리 돈이 없다고 해도 쌀이 떨어졌다는 것은 엄살이다. 정말로 몇십 달러가 없기야 하겠는가. 그런데 쌀이 아니고 집세일 경우에는 말이 달라진다. 적어도 한 주 몇백 달러는 하기 때문이다. 게다가 집세가 대여섯 주 밀려 단위가 천을 훨씬 넘어가면 쌀 백 포대에 이를 정도로 큰 부담이 된다.

내 기억에 우리 아버지가 집에 쌀과 연탄을 떨어뜨린 적은 한 번도 없다. 황해도 신천에서 가난한 농부의 아들로 태어나 숱한 어려움을 겪어온 아버지가 어머니와 결혼하면서 한 마음 속 맹세가 바로 쌀과 연탄 문제만큼은 어떻게든 해결하겠다는 것이었다. 아버지는 돌아가시기 전까지 그 약속을 지키셨다. 대신 나는 고등학교를 졸업할 때까지 새로 사 입은 옷이 한 벌도 없었다. 둘째 누이 혹은 형 옷을 물려 입거나 유행에 하나도 맞지 않는 아버지 옷을 줄여 입었을 뿐이다.

'쌀'과 '연탄'.

귀에 못이 박히도록 들은 그 말은 내 뇌리에도 깊게 남아 있었다. 적어도 한 가정을 책임지는 사나이 대장부라면 그 정도는 당연히 해결해야 한다고 생각했다. 그런데 문제가 생겼다. 힘들게 버텨오던 책방 사업을 접었다. 자연스럽게 먹고 사는 게 막막해졌다. 아내가 알아서 생활비를 벌어 오기는 했지만 매주 버티기에는 역부족이었다.

내 이름으로 된 부동산은 하나도 없었다. 그렇다면 현금화시킬 수 있는 동산은 무엇이 있을까를 떠올렸다. '아! 차 두 대가 있으니 한 대를 팔면 되겠구나' 하고 생각했다. 오랜만에 아내가 타고 다니는 차를 윤기 나게 닦았다. 내 차보다 몇천 달러 더 받을 수 있을 것 같아서였다. 하지만 눈치를 챈 아내가 무서워 포기했다. 대신 내 애마, 토요타 입섬 2000cc 차를

2,500달러에 팔았다.

차를 팔고 한동안 버스와 기차를 타고 다녔다. 오클랜드에 살면서 그때 처음으로 기차라는 것을 이용했다. 영문을 모르는 사람들에게는 좀 더 좋은 차를 고르는 중이라고 둘러댔다. 또 허세를 부리느라고 이번 기회에 여분의 살을 좀 빼고 있다고 너스레를 떨었다. 겉은 웃고 있었지만 속으로는 울었다.

그렇게 여섯 달을 차 없이 다녔다. 좋은 점보다 나쁜 점이 훨씬 많은 불편한 날들이었다. 어쩔 수 없이 허름한 차를 하나 구했다. 차는 그냥 이동수단에 불과할 뿐이라는 내 평소 지론처럼 지금은 더 허름해진 차를 꾸역꾸역 몰고 다닌다.

차를 판 돈으로 한 달을 버텼다. 다시 '쌀독'(은행 잔액)이 비었다. 집안을 이리저리 둘러봤다.

'무엇을 팔면 돈이 될까?'

카메라가 눈에 들어왔다. 한 해 전 큰마음 먹고 1,500달러나 주고 산 귀중품이었다. 중고용품 온라인 거래 사이트인 트레이드 미(Trade Me)에 올렸다. 이틀 만에 팔렸다. 내 통장에 들어온 돈은 700달러. 이 일을 대충 눈치챈 지인이 돈을 좀 빌려줄 테니 팔지 말라고 했지만, 자존심 때문에 그 말을 듣지 않았다.

내게는 다섯 식구 호구 해결 문제가 지구 온난화 문제보다 중요했다. 한창 크는 사내아이 셋에게 돈이 없어 쌀을 못 산다고 할 수는 없었다. 그게 안심 스테이크이거나, 탕수육 대(大)자이거나 하다못해 맥치킨 캄보라면 어떻게라도 둘러댈 텐데 흔하디 흔한 쌀이 떨어진다는 사실은 가슴 아픈 일이었다.

옛날 아낙네가 지아비 술값을 위해 눈물을 머금고 머리칼을 내다 팔듯 내가 애지중지하던 책을 교민 웹사이트 벼룩시장에 올려놓았다.

'책을 팝니다. 총 50권, 250달러입니다. 당신의 서재를 한껏 빛내줄 좋은 책입니다.'

바로 몇 달 전, 항공 택배비를 포함해 1천 달러에 이르는 거금을 주고 사 온 책이었다. 벼르고 별러 한국에서 들여온 책을 입에 풀칠하기 위해 팔아야만 했다. 그나마 그 책을 다 읽은 게 위로가 되었다. 내 머릿속에 들어가 있으니까 말이다.

한 교민이 날름 책을 사 갔다. 나만큼 책을 좋아하는 사람처럼 보여 마음이 놓였다. 적어도 차고에서 썩지는 않겠구나, 하는 안도감이 들었다. 시리즈 책을 판 뒤, 단행본도 몇십 권 시장에 내놓았다. 소중하게 내 책꽂이에 있던 책들이 허무하게 남의 손에 넘어갔다. 대신 우리 집 쌀독은 가득 찼으며 냉장고는 삼겹살 몇 팩과 오렌지 한 무더기로 채워졌다.

서른 해를 넘게 늘 책을 사보기만 하던 내가 쌀을 위해 책을 팔아야 하는 처지에 놓이다 보니 마음이 한없이 울적했다. 스무 살 꽃처녀가 더 희망이 없어 몸을 내다 팔듯, 고상한 척만

내 빈약한 서재의 일부. 이걸 지키기 위해 나는 수십 년의 세월을 힘겹게 버텨냈다.

해가며 살던 내가 호구 핑계로 책까지 팔아야 하는 상황이 못내 서글펐다.

그때 나를 위로해 준 것은 다름 아닌 한 권의 책이었다. 조선 후기 실학자 이덕무가 쓴 『책만 보는 바보—이덕무와 그의 벗들 이야기』(한자로는 간서치〈看書痴〉)였다. 박지원 박제가 홍대용 등 당대 실학자들과 우정을 나누면서 풀어 쓴 이야기와 그에 얽힌 삽화들이 나를 편안하게 해주었다.

책을 팔아 술을 먹던 이야기, 겨울에 하도 추워 책을 깔고 덮고 자던 이야기 등. 나는 그 정도까지는 아니었지만, 상황만은 충분히 이해했기에 돈 몇 푼 때문에 책을 팔면서도 조금은 웃을 수 있었다. 훗날 이덕무가 시대에 귀한 일꾼으로 쓰였듯이 '나도 언젠가는…' 하면서 말이다.

책을 판 얘기를 쓰는 게 기분 좋은 일은 아니다. 내 몸의 일부 같은 책을 돈을 받고 넘긴다는 게 사람이 할 짓이 아닌 것 같다. 집 정리 차원에서 한 것도 아니고 쌀독을 채우기 위해 그랬다. 뒤돌아보면 '내가 참 능력이 없구나' 하는 생각을 하게 한다. 그런데도 지금은 말할 수 있다. 웃으며 말 할 수 있다. 그때는 피를 토하는 심정으로 책을 팔았지만, 이제는 책을 안 팔아도 살 수 있다고. 쌀독이 가득 차서 그렇다는 뜻은 아니다. 다만, 책 파는 일이 전혀 부끄럽지 않다고 자신한다.

후기 두 개.

하나, 나한테 책 50권을 사간 교민이 연락을 해왔다. 책을 다 봤으니 언제든 그냥 가지고 가라고. 기분이 째진다.

둘, 내 꿈을 이해해주는 사람이 메일을 보내왔다. 혹시 교민 시장에 내 이름 또는 문화원 이름으로 된 책이 나오면 언제든 사주겠다고. 기분이 더 째진다.

마지막으로 한마디만. 지금 우리 집 냉장고는 안녕하지 못하다. 그래도 쌀독은 안녕하다. '견딜 수 있을 만한 가난'이라고 할 수 있다.

홍길동이 죽었습니다

제가 이런저런 이유로 도움을 받았지만,
저를 빚쟁이로 기억하지 않으셨으면 하는 부탁을
죽음을 알리는 이 지면에서 하고 싶습니다.

십여 년 전, 영자신문을 몇 달 정기 구독한 적이 있다. 정치 경제 사회 문화 등 뉴질랜드 뉴스를 좀 더 깊게 이해하고 부족한 영어 공부도 제대로 해볼 겸 내린 결정이었다. 내심 야심차게 시작했지만, 한 주 두 주 시간이 지나면서 신문 보는 일이 부담됐다. 굳이 뉴질랜드 뉴스를 알아야 할 까닭을 분명하게 찾지 못했다. 영어 공부를 하기 싫었다는 게 좀 더 솔직한 말일지도 모른다.

아침이면 하루도 빠지지 않고 꼬박꼬박 들어오는 신문을 그냥 쓰레기통에 처박기가 아까워 읽는 시늉을 했다. 제일 만만한 것이 신문 맨 뒤쪽에 있는 '부고'(obituary)란 이었다. 거의 한두 쪽을 차지할 만큼 날마다 많은 사람이 죽었다. “도대체 어떤 사람들이 이 세상과 이별을 할까” 하는 호기심에 신경을 써서 읽었다.

‘부고’란은 단순히 한 개인의 죽음을 알리는 공간이 아니라, 추억을 나누는 공간 같아 보였다. 고인을 향한 남아있는 이들의 애도가 활자에 절절히 묻어 있었다. 자식들의 애틋한 추모가 주를 이뤘지만, 가까운 친척이나 지인들이 떠난 이를 그리워하는 안타까운 내용도 있었다.

부고를 읽으면서 이런 생각을 했다. 내가 죽으면 사람들은 나를 어떻게 기억할까. 고인(나)에 대한 형식적인 아쉬움이 부고란을 장식한다면 그건 참 슬픈 일일 것 같다는 생각도 들었다.

몇 해 전, 미국에 사는 한 작가가 예순한 살을 일기로 세상을 떠났다는 소식이 신문에 실린 일이 있다. 작가 이름은 제인 로터, 유머 칼럼니스트로 활동해왔다. 그의 죽음이 지면의 한 공간을 차지할 수 있었던 이유는 미리 작성해 놓은 부고 때문이었다.

“나는 1952년 시애틀에서 태어났고, 워싱턴 대학에서 역사학으로 학사 학위를 받았다.”

이렇게 시작한 자작 부고는 “나는 이 신나는 세상으로부터 영원한 휴가를 떠나는 것일 뿐이다. 아름다운 날, 여기 있어서 행복했다"로 끝난다.

그는 총 761개의 단어로 마지막 작별을 고했다. 유머 칼럼니스트답게 "내 유머 감각을 보여주기 위해 농담 몇 개를 더하고 싶지만, 그렇게 되면 시애틀타임스에 내야 하는 돈이 많아지니 생략하겠다"는 우스갯소리도 잊지 않았다.

제인 로터가 쓴 자작 부고를 읽으면서 나도 죽기 전 내 부고를 정성껏 써놓고 싶었다. 그때가 언제가 될지 알 수 없지만, 남이 쓴 부고는 내가 살아온 날을 온전히 담지 못할 듯하다는 생각 때문이다.

"박성기가 죽었습니다."

첫 문장을 이렇게 써놓고 보니 우리 가족과 나를 잘 아는 사람들이 조금은 거북해 할 것 같다. 그래서 한국 사람을 대표하는 이름, '홍길동'을 빌려 쓰기로 했다. 하지만 홍길동은 분명히 '나'임을 밝힌다.

"홍길동이 모년 모월 모일에 죽었습니다.

1963년 2월 5일 서울에서 태어나 오늘 오클랜드에서 세상을 떠났습니다. 죽기 전, 일일이 찾아뵙고 작별 인사를 드렸어야 했는데 숨 쉴 시간이 부족해 그리하지 못했습니다.

먼저 말하고 싶은 것이 있습니다. 제 죽음을 '사망'(死亡)이라고 표현하지 마세요. '죽어서 망했다'는 제가 듣기 싫어하는 말입니다. 정말로 죽어서 망했는지 아니면 흥했는지는 여러분들은 절대로 모릅니다. 죽어봐야만 알기 때문입니다."

우선 첫 부분은 이렇게 시작하고 싶다. 평소 거부감을 가지고 있는 '사망'이란 말로 내 마지막이 불리지 않았으면 하는 바람이다. 꼭 내가 부활을 믿는 기독교인이어서가 아니다. 그 누구에게든 섣불리 '죽어서 망했다'라고 하는 것은 예의가 아니라고 생각한다.

중간은 이렇게 이어볼 계획이다.

"몇십 년 뉴질랜드에 살면서 여러 지인의 신세를 졌습니다. 억지로라도 등급을 나누자면, 일 등급 지인-이 등급 지인-삼 등급 지인으로 나눌 수 있습니다.

일 등급은 제게 돈을 빌려주고도 못 받은 사람, 이 등급은 돈을 빌려주고 다 받은 사람, 끝으로 삼 등급은 제게 돈을 빌려주고 싶었지만 아쉽게도 돈이 없어 못 빌려준 사람입니다.

제가 이런저런 이유로 도움을 받았지만, 저를 빚쟁이로 기억하지 않으셨으면 하는 부탁을 죽음을 알리는 이 지면에서 하고 싶습니다. 로마 제국을 건설한 카이사르도 오늘날 돈으로 따지면 수십 억을 빚졌지만, 그를 빚쟁이로 기억하는 사람은 없습니다."

여기까지는 내 잘못을 솔직하게 고백하는 고해장으로 쓰려고 한다. 지난 날을 돌이켜보면 정말로 많은 사람의 도움을 받았다. 소박한 꿈 하나를 이루기 위해, 주위 사람의 지갑을 넘봤다. 몇만 달러나 되는 큰돈을 아무 조건 없이 내준 사람도 있었고, 내 맘과 몸이 상한 처지를 어여삐 여겨 급전도 가능하다며 살포시 웃음을 건넨 마음씨 고운 여인도 있었다. 다른 건 잘 몰라도 한평생 살면서 돈 문제만큼은 내가 잘못했음을 인정하고 용서를 빌고 싶다.

유고 사 분의 삼쯤에서는 이런 내용을 쓰고 싶다. 갑자기 기획해서 보기 좋게 만든 게 아니라는 점을 분명히 한다. 내 운전면허증 '4C' 부분에도 들어가 있을 만큼 수십 년 지녀온 생각이다. 굳이 강조하는 까닭은 유족이 반대하더라도 강행해 달라는 뜻이다.

"할 수만 있다면 제 시신 가운데 재활용이 가능한 장기를 다 누군가에게 드리면 좋겠습니다. 그중 하나가 심장이라면 한평생 뜨거운 열정을 가지고 살아왔으니 무엇보다 요긴하게 쓰이겠지만, 현실로는 불가능하다는 것을 압니다. 그래서 적어도 두 눈 만큼은 필요로 하는 사람에게 꼭 선물로 드리고 싶습니다. 좋은 것, 밝은 것만 보고 살아서 그리 쓸모가 없지는 않을 겁니다.

우스개 한 마디.

제 이름과 같은 장기(?)도 드렸으면 하는데 평소 성능이 그리 좋지도 않았고 또 아픈 것은 고쳐 쓸 수 있지만 죽은 것은 고칠 수 없기에 그냥 무시해 주시면 고맙겠습니다.

참, 제 시신은 화장을 한 뒤 한 줌 재만 오클랜드 북쪽에 있는 오레와 바닷가에 뿌려 주세요. 나무 밑에 묻어 주셔도 좋고, 파도에 휩쓸려 가도록 흩뿌려주셔도 무방합니다. 오레와는 제 뉴질랜드 삶에서 두 번째 고향 같은 곳입니다."

끝부분은 좀 더 신경을 써야겠다. 명색이 글을 쓴다는 놈이 이 땅에서 쓰는 마지막 글이 무미건조해서야 되겠나. 자, 기대하시라. 지상 최고의 명 자작 부고를.

"저에게는 꿈이 하나 있었습니다. 이민을 오기 전부터 품었던 꿈입니다. 한옥 도서관(문화원)을 짓는 일이었습니다. 한국의 숨결을 느끼며, 멋진 공간에서 책을 읽으며, 우리 모두의 인생이 풍요로워지기를 바랐습니다. 제 역부족으로 완성을 못하고 가지만, 기둥 하나는 올려놓았다고 자부합니다. 나머지는 여러분이 해 주세요. 부탁합니다.

이 부고가 나간 뒤 한 달쯤 지나면 십만 달러가 하늘에서 내려올 것입니다. 많은 돈은 아니지만, 서까래 올리는 데 써 주시면 고맙겠습니다.

이제 마지막 인사를 드립니다.

슬프지만, 그래도 안녕….

홍길동, 아니 박성기 드림."

내 딴에는 이것저것 생각해 하나도 빠트리지 않고 쓴다고 쓰긴 했는데 갑자기 중요한 게 생각났다.

“덧붙이는 글 – 제게는 세 아들이 있습니다. 한솔, 예솔, 진솔. 남들은 뭉뚱그려 ‘삼솔’이라고 부르지요. 아빠의 알량한 꿈 때문에 어렸을 때부터 고생만 해온 아이들입니다. 혹시 길에서 우연히 만나게 되면 어깨를 다독여 주시거나 머리 한 번 쓰다듬어 주세요. 짜장면까지 사 주시면 더 고맙고요.”

나마스떼 씨, 안녕하신지요

아, 참! 그 아줌마 기억나나요.
비교적 평지에 있었던 산장 카페 여주인 말이에요.
나이는 서른 정도 되어 보였죠.

꼭 25년 전, 우리가 처음 만났지요. 그때 내 나이가 스물일곱, 나마스떼 씨도 나랑 같았지요. 난 이방인이라 한껏 긴장하고 있었고, 당신은 그곳 사람이라 상대적으로 여유가 있어 보였어요. 기념품 가게를 하고 있었던가요. 아니면 구멍가게였나요. 하여튼 첫 만남은 주인과 손님 사이였던 것 같네요.

그때만 해도 한국 사람이 드물어서 그랬겠지요. 아시아 사람 하면 모두 일본 사람으로 생각하던 차에 사우스코리아, 그것도 올림픽을 치른 서울에서 왔다고 하니까 조금은 색다르게 보였을지도 모르지요. 당신은 처음 만난 내게 싱그러운 웃음을 띠며 집에 초대했죠. 나는 얼떨결에 가겠다고 약속했지만 솔직히 겁이 좀 났어요. 유괴되는 게 아닌가 하는 불안 때문이었죠. 방을 같이 쓰던 일본 친구를 꼬여 선물을 하나 사 들고 당신 집을 찾아갔어요. 이제 와서 하는 말이지만 혼자 죽는 것보다는 둘이 죽는 게 조금은 나을 것 같았어요.

대중교통이 마땅치 않아 택시 비슷한 것을 타고 집 근처에서 내려 골목길을 돌고 돌았죠. 작고 허름한 동네에서 흩어져 나오는 빛을 따라 당신 집을 찾아갔지요. 낯선 이방인들을 대하는 아이들의 큰 눈망울이 우리 마음을 조금은 편하게 해 주었어요.

방은 세 개, 아니면 네 개로 기억되네요. 거실이 무척 넓었던 것 같고 마당도 있었던 것 같아요. 당신네 부모님은 한없이 인자한 모습을 하고 앉아 계셨지요. 아버님의 갈색 모자 그리고 긴 수염이 떠오르네요. 스물이 채 안 된 여동생은 참 미인이었지요. 그때만 해도 그렇게 영어를 잘하는 여자는 처음 봤어요. 이미 약혼을 한, 임자 있는 처자였는데도 내게 웃음을 띠며 여러 질문을 던졌지요. "애인은 있어요?" 그러면서요.

부엌도 아니고 식당도 아닌, 그 어디라고 해야 할지 애매한 곳에서 저녁을 먹었지요. 당신 어머니와 형수가 준비했다고 했는데 그때 자리를 함께한 식구가 거의 스무 명은 되어 보였어요. 카레 같기도 했고 아닌 것 같기도 했지만 지금 기억으로는 카레 종류였던 것만은 분명하네요. 나는 그때 문화 충격을 크게 받았어요. 나와 일본 친구를 뺀 모든 식구가 왼손을 숟가락 삼아 식사를 했지요. 우리에게는 대신 포크를 주셨고요. 솔직히 말씀 드려 그때 나는 비위가 뒤틀렸어요. 어쩜 사람들이….

아, 참! 그 친구 기억나나요? 우리가 밥을 먹고 있을 때 한쪽에서 얼굴을 조금 내밀며 신기한 듯 쳐다보던 젊은 친구요. 나이는 열댓 살쯤 되어 보였는데, 집에서 부리던 일꾼(종)이라고 했지요. 옛날에 우리나라에도 그런 사람이 있었는데 머슴이라고 불렀어요. 좀 힘 약한 돌쇠처럼 생긴 그 친구, 신분 때문에 자리에 낄 수는 없고 그렇다고 호기심을 누를 수도 없어 삐죽삐죽 웃으며 지켜보던 모습이 떠오르네요.

따듯한 집밥 한 끼 먹고 우리는 친구가 됐지요. 다음 날이었던가요. 내가 머물던 숙소에 찾아와 느닷없이 날짜가 좀 긴 하이킹을 하자고 제안했지요. 세계의 지붕 아래, 눈 덮인 정원을 걸어보자면서요. 그날 오후, 관공서에 들러 하이킹 허가증을 하나 샀지요. 외국 사람은 그 '쯩' 없이는 들어갈 수 없었으니까요.

버스를 열 시간 넘게 탔던 것 같아요. 새벽에 출발했는데도 해거름이 질 때야 겨우 도착했거든요. 중간중간 쉬어가기도 했지만, 워낙 깊은 산길이라 시속 20km 이상을 달린 기억은 없는 것 같아요. 버스 안에는 사람도 타고, 닭도 타고, 벼룩도 탔지요. 버스 위에는 사람도 오르고, 궤짝도 오르고, 참새도 올라가 있었지요. 가다 쉬다, 쉬다 가다 그렇게 버스는 하늘을 향해 한 타이어, 두 타이어 달렸지요.

아, 산골 마을에 예비 매제가 마중을 나와 있었던 게 갑자기 떠오르네요. 당신 집에서 만난, 외간 남자 반겨주던 눈 큰 여동생의 남편 될 분. 처음 본 인상이 아주 좋았어요. 수수하면서도 지적으로 생겼더군요. 어렴풋이 남아 있는 내 기억에 그 분은 시청 토목계 고급 공무원이었던 것 같아요. 지역 개발 조사를 위해 그곳에서 외근하는 중이라고 했거든요.

하이킹 첫 시작이 3천 미터였던가요, 아니면 4천 미터였던가요. 꽤 높았었죠. 백두산보다는 무조건 높았던 것으로 알고 있어요. 짐꾼도 고용하지 않은 채 우리 둘은 호기롭게 한 걸음 두 걸음 정상을 향해 걸었지요. 폐가를 스치고 곧 폐가가 될 집도 스쳐 가고, 대여섯 살 꼬마의 거친 맨발을 보고 일흔 노파의 주름진 맨발도 보았죠. 그렇게 우리는 걷고 또 걸었죠. 하늘 아래 우리 영혼 쉴 곳이 어디메쯤 있을까, 콧노래를 부르며 행진을 해나갔어요.

아, 참! 그 아줌마 기억나나요. 비교적 평지에 있었던 산장 카페 여주인 말이에요. 나이는 서른 정도 되어 보였죠. 메뉴는 단 하나, '밀크티'. 그 차를 이 빠진 잔에 담아 우리에게 내밀며 옅은 웃음을 보여주었지요. 때마침 흘러가던 구름이 자기에게도 한 잔 달라며 손을 내밀었던 것 같네요. 그 여주인에게 제가 작업을 좀 걸었지요. '산장에서 썩기에는 좀 아깝다'고 농을 걸었던 기억이 나요. 가지고 있던 사진기로 '산장의 여인' 순간 모습을 담았는데, 영 점 일 초 사이에 만들어진 그 천연 웃음은 지금도 잊을 수가 없어요.

그런데 이런 말을 해도 되나 모르겠네요. 한 나흘 지났을 때였던 것 같은데 갑자기 당신이 뭐 씹은 표정으로 토사곽란을 하며 더 못 오르겠다고 선언했지요. 쉬운 말로 고산병. 한 6천미터였던 것으로 내 기억에 남아 있네요. 어쩔 수 없이 내려와야만 했던 우리는 그렇게 한 걸음 두 걸음 터벅터벅 지상을 향해 발걸음을 옮겼지요. 그때 왜 그렇게 새들이 따라오며 울었는지 모르겠네요.

이제 정말로 하고 싶은 말을 할게요. 며칠 전, 뉴스를 보다가 '진도 7.9'라는 숫자에 깜짝 놀랐어요. 당신이 사는 나라에 큰 땅요동이 있었다는 것이었어요. 처음 들리는 말에는 네 명이 목숨을 잃었고, 다음에는 수백, 수천의 생명이 세상과 이별을 했지요. 제일 먼저 떠오른 사람이 당신이었어요. 내 친구, 나마스떼 씨.

아직도 기억나나요. 내가 열흘 여행을 끝내고 당신 나라를 떠날 때 당신은 내게 선물을 하나 했지요. 시내 기념품 가게에서 옷을 하나 골라 건넸지요. 파란 옷감 바탕에 큰 호랑이가 한 마리 새겨져 있었지요. 한 땀 한 땀 직접 사람 손으로 만들어 마치 호랑이가 살아있는 듯한 멋진 옷이었어요. 그 옷이 아주 마음에 들어 나는 그 뒤 유럽 여행 내내 닳고 닳을 정도로 입고 다녔어요. 히말라야 호랑이 기백을 품고서 말이에요.

무슨 뜻인지 아시겠죠. 만에 하나 지금 말 못할 어려움에 있더라도 호랑이처럼 '어흥' 하며 나타나 달라는 부탁이에요. 그래서 조금 더 세월이 흐른 뒤 우리 다시 시간을 내서 하이킹을 했으면 좋겠네요. 그때를 위해 나도 몸을 좀 만들 테니 당신도 신경 좀 쓰세요. 고산증을 치료할 방법이 없다면, 5천 미터 되는 소박한 언덕으로 해도 괜찮아요. 그 정도는 내가 눈 딱 감고 봐 드릴게요.

아, 참! 정말로 미안한데요. 솔직히 말해 하도 시간이 오래 지나 당신 이름을 잊어버렸어요. 얼굴은 생생히 기억나는데 이름 석 자 아니 넉 자가 아무리 생각해도 떠오르지 않네요.

그래서 고민 끝에 당신 이름을 '나마스떼'로 했어요. 아시죠? 그 뜻. 그러니까 내 친구, 나마스떼 씨. 무조건, 무조건 '안녕'하셔야 해요.

그럼 다시 만날 때까지, 나마스떼!

*이 글은 2015년 4월에 일어난 네팔 지진 기사를 읽다가 옛 친구가 생각이 나 쓴 것이다.

나는 길을 잃었습니다

나는 고개를 텔레비전 쪽으로 옮겼다.
엄마는 소리 내지 않고 웃었고,
나는 소리 내지 않고 울었다.

아마 1970년대 초, 그러니까 초등학교 일이 학년 무렵이었다. 긴 방학만 되면 며칠씩 경기도 소사(현재 부천)에 있는 큰집에 놀러 가곤 했다. 세 살 많은 형이 내 여행 동무였다. 비록 서울 변두리에 살아도 엄연한 '특별시민'이었던 나는 버스로 두 시간이나 걸리는 멀고 먼 '시골 여행'이 즐겁지만은 않았다. 고만고만한 다섯 자식 뒤치다꺼리에서 잠시라도 해방되려는 엄마의 계획을 알아차렸기 때문인지도 모른다.

큰집은 넓은 공터를 빌려 양계장을 했다. 두세 동 정도의 비닐하우스에는 하얀 닭, 갈색 닭들이 밥 달라며 꼬꼬댁 노래를 불렀다. 비릿한 닭똥 냄새가 집 안까지 스며들어왔다. 큰아버지의 검정 장화에도, 큰어머니의 앞치마에도 역한 냄새가 배어 있었다. 내가 큰집에서 할 일이라곤 아무것도 없었다. 텔레비전도 없었고, 장난감도 없었고, 책도 없었다. 밥 먹고, 밥 먹고, 또 밥 먹고. 그렇게 아홉 끼만 먹어주면 서울특별시로 돌아갈 수 있었다.

큰아버지는 기골이 장대한 미남이었다. 1920년대 초, 황해도 신천에서 태어난 큰아버지는 힘이 하도 세서 젊은 시절 평양 씨름대회 우승을 몇 차례 하기도 했다고 한다. 상품은 늘 소 한 마리였다. 얼굴도 잘생기고, 힘도 좋았던 큰아버지는 결혼 초, 바람기를 맘껏 보여줘 집안이 늘 어수선했다. 여덟 살 철부지에 불과했던 내가 그 비밀을 알 수 있었던 것은 큰어머니의 악담 때문이었다. 자식 자랑, 남편 흉이 밥상의 반찬이었고 저녁 간식이었다. 훗날 돌아보니 큰어머니는 박경리가 쓴 『토지』에 나오는 걸물, 임이네와 비슷했다.

사흘간의 유배지 생활을 참지 못하고 어느 날 나는 가출을 결심했다. 아무것도 할 게 없는 큰집에서 벗어나고 싶었다. 아침을 대충 먹고 집을 나왔다. 그냥 하염없이 걷고 또 걸었다. 양계장을, 동네 허름한 집들을, 철공소와 구멍가게를 지나쳤다. 여덟 살 사내아이의 눈에는 모든 것이 만화경 같았다. 얼마나 걷고 또 얼마나 헤맸을까. 오후 네다섯 시쯤 되자 갑자기 불안해졌다. 날은 점점 어두워지고 배는 점점 고파오고….

그렇게 몇 시간을 헤맸던 것 같다. 초라한 상가 건물들의 삼십 촉 전구가 막 빛을 발하려고 할 때였다. 그때 저 멀리서 어디서 본 듯한 큰 그림자가 성큼성큼 내게로 다가왔다. 한눈에 봐도 큰아버지였다.

"성기야."

큰아버지는 딱 한 마디만 하셨다. 반쯤은 웃고 또 반쯤은 화를 내시려고 했던 표정이 지금도 생생히 기억난다. 등을 돌려 나를 업었다. 나는 그 넓은 등에 바싹 얼굴을 묻었다. 큰아버지의 작업복에서 비릿한 닭똥 냄새가 풍겼다.

'나는 길을 잃었습니다. 제 아들에게 전화 좀 걸어 주세요.'

두 주 전, 엄마가 이사를 했다. 십여 년을 살며 정들었던 오클랜드 서쪽 헨더슨을 떠나 노스쇼 글렌필드 쪽으로 거주지를 옮겼다. 엄마는 살아온 햇수가 여든넷이 넘도록 제 둥지를 만들지 못 했다. 원죄는 다섯 자식의 무능 혹은 무관심 때문이었다.

이사를 앞두고 그 어느 때보다 마음이 뒤숭숭했다. 전에 살던 집에 집주인이 들어와 살겠다고 하는 바람에 어쩔 수 없이 비워주어야만 하는 상황이었다. 엄마가 거처할 마땅한 집을 찾기가 쉽지 않았다. 몇 차례 적당한 집이 나타나 계약하고 싶었지만 집주인은 엄마의 나이를 핑계로 집을 내주지 않았다. 그 마음 쓰라린 사실을 자식 된 내 입으로 차마 말할 수 없어 속으로 삭여야만 했다.

글렌필드에 집 한 채가 교민 포털 사이트에 나왔다. 방도 깨

끗하고 대중교통도 편하게 이용할 수 있어 좋아 보였다. 게다가 집주인 성품이 훌륭해 놓치고 싶지 않았다. 세 들어 살고 싶다는 관심을 보인 뒤 며칠이 흘렀다. 집주인은 엄마에게 집을 빌려주었다. "아들이 효자 같아 집을 내줬다"고 말했다. 헨더슨 집을 비워줘야 하는 일주일을 앞두고 결정됐다.

이사 뒤 거의 날마다 엄마집에 들렀다. 새 둥지에 따듯한 공기를 채워 주고, 허한 마음을 조금이라도 위로해 주고 싶었다. 내가 해 줄 수 있는 것은 같이 밥을 먹고, 같이 텔레비전을 보는 일뿐이었다. 조금 더 효자 티를 낸다면 엄마 얘기를 조금 더 성실하게 들어주는 것이었다. 그렇게 일주일을 보낼 즈음, 나는 갑자기 가슴이 아렸다. 어쩌면 엄마가 이 낯선 동네에서 길을 잃을지도 모른다는 불안감 때문이었다.

컴퓨터 앞에 앉아 짧은 전단 글을 쓰기 시작했다.

"나는 길을 잃었습니다. 제 아들에게 전화 좀 걸어 주세요."

엄마를 위해서는 한글로, 도와줄 사람을 위해서는 영어로 썼다. 몇 줄 안 되는 글이지만 글 쓰는 그 짧은 시간, 가슴이 무척 쓰라렸다. 길을 잃고 헤맬 엄마가 떠올라서였다. 치매기도 하나 없는 정신 멀쩡한 엄마의 비상 상황을 그런 식으로 대비해야 하는 현실이 서글펐다.

나흘 전, 전단을 두 장 인쇄해 엄마에게 건넸다.

"어머니, 혹시 길을 잃으면 이 종이를 사람들에게 보여 주세요. 꼭 비상시에만 써야 돼요."

엄마는 유심히 전단을 보았다. 씩 웃을 뿐 아무 말씀을 안 하셨다. 그때 나는 엄마의 이마 주름이 조금 흔들리는 것을 느꼈다. 나는 고개를 텔레비전 쪽으로 옮겼다. 엄마는 소리 내지 않고 웃었고, 나는 소리 내지 않고 울었다.

오늘 낮, 엄마집에 들렀다. 나를 보자마자 깔깔 소리를 내며 웃었다.

"성기야, 이 종이가 나를 살렸다."

벌써 한 번 쓴 것이다. 엄마는 전날 버스를 타고 시내에 갔다가 길을 잃어버려 그 종이를 모르는 사람에게 내밀었다. 그랬더니 그가 고맙게도 집까지 태워주었다고 한다. 그 긴 과정을 두 번 세 번 설명하는 내내 엄마는 웃었고, 듣는 나는 내내 울었다. 며칠 사이에 벌써 조금은 너덜너덜해진 그 종이를 보는 순간, 나는 엄마에게 전단을 코팅된 것으로 만들어 드려야겠다고 생각했다.

TARRA

퀸스타운으로 가다가 초등학교 간판을 보았다.
바퀴 네 개로 학교 간판을 만들어 낸 창의력이 놀랍다.

"내가 이 세상 도처에서 쉴 곳을 찾아보았으되

마침내 찾아낸

책이 있는 구석방보다

나은 곳은 없더라."

– 움베르토 에코의 소설, 『장미의 이름』 서문 중에서.

더 읽을 필요도 없다. 에코는, 이제 나다.

내가 기호학자이고 소설가이다.

내가 그토록 좋아하는 스타일, '세상의 바보들에게 웃으

면서 화내는 방법'의 글쓰기를 알려 준

그가 이제는 내가 된 것이다.

– '다시, 푸호이에서' 중에서

Part 4

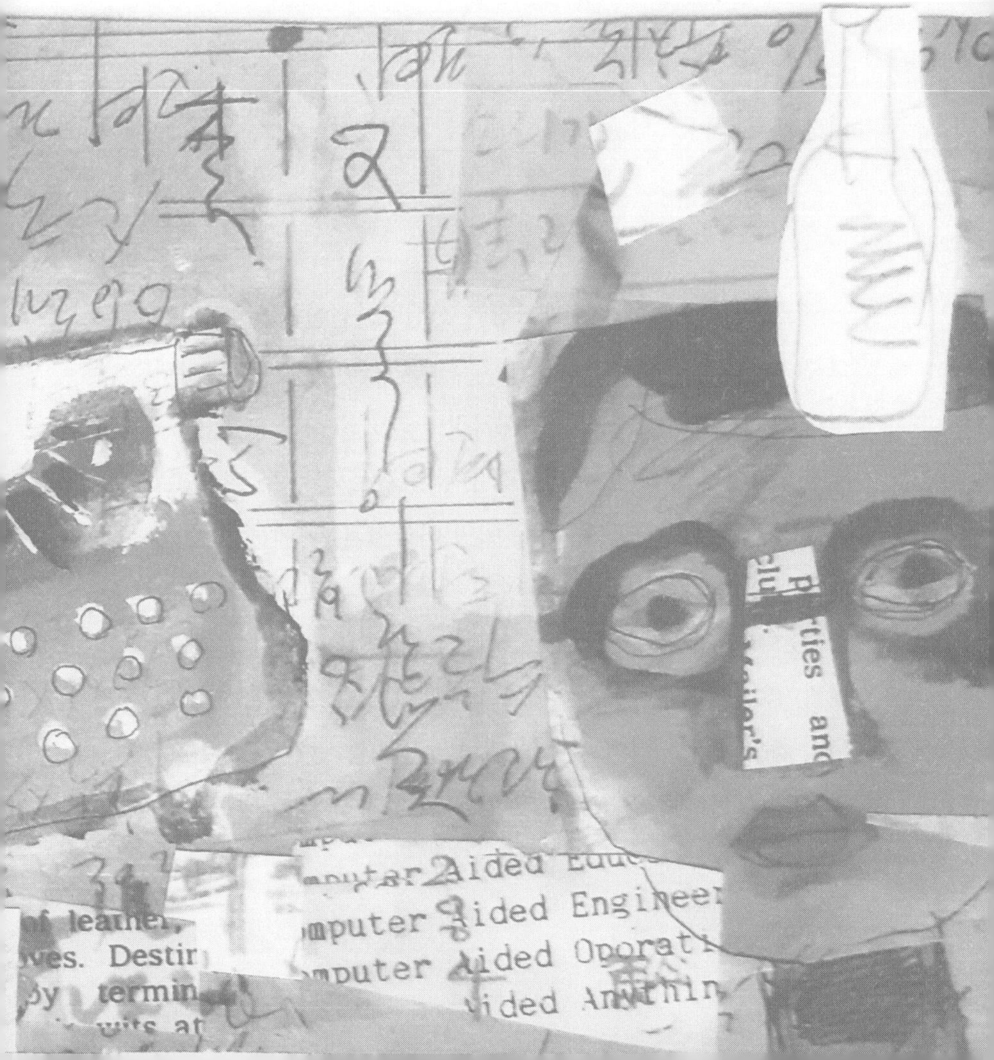

내 입술은 작은 술잔이에요

그저, 이제 더는 빗줄기 내리는 삼류영화를
만나기 힘든 현실이 가슴 아플 뿐이다.
너무 빠르게 가는 세상에서 좀 더디게 가는 삶을 살고 싶다.

종로2가 사거리에 화신백화점과 신신백화점이 있었다. 나는 그중 화신백화점을 주로 들렀다. 무엇을 사려고 간 것은 아니었다. 백화점 6층쯤에 있는 화신극장이 그곳을 찾는 이유였다.

대학 1학년 때였다. 국민윤리나 국사 같은 고리타분한 수업을 빼먹고 극장으로 달려갔다. 이미 고등학교 때 배운 것을 또 배워야 하는 게 못마땅했고, 국책 과목으로 정한 전두환에 반항하는 의미도 다소 있었다. 동시상영 두 편을 보는데 오백 원 안짝이었던 것 같다. 가끔은 세미 비키니 옷을 입은 대충 생긴 무희들이 다리를 쩍쩍 들어 올리며 무도회를 열기도 했다. 나 같은 반(反)사회적인 군상들이 한 자리씩 차지했다. 생쥐도 쥐

세상처럼 객석을 돌아다녔다. 나는 졸다 보다 하면서 오전을 죽였다.

일류 이류 극장을 돌고 돌다가 더 갈 데 없어 온 듯한 영화. 삼류 영화관에서 삼류 영화를 상영했다. 관객도 삼류였다. 늙다리 삼수생부터 화장기 진한 작부, 그리고 팔뚝만 건강한 일용노동자들. 잠깐이라도 몸과 마음을 풀고 싶어 찾아온 하류 인생들뿐이었다.

스크린에는 늘 비가 추적추적 내렸다. 풀기 없는 미역처럼 너덜너덜해진 필름이 제 역할을 못 하면서 숱한 빗금무늬를 만들어냈다. 그러다가 사이사이 전기도 맥없이 끊어졌다. 성질 급한 몇몇은 입술을 모아 휘파람을 불어댔고, 술집 작부는 분내를 풍기며 껌 소리를 더 크게 냈다. 그래도 명색이 극장인데 어디 하나 문화적인 공기를 느낄 수 없었다.

중학교 때 영화를 몇 편 봤다. 학교에서 단체영화랍시고 보여준다는 게 《성의 신비》 뭐 그런 거였다. 성교육을 그런 식으로 시켰다. 조금 더 우아한 영화라면 《성웅 이순신》 정도였는데, 그 역시 군사 쿠데타로 집권한 박정희의 위대함을 교묘한 방법으로 어린 학생들에게 가르치기 위한 도구였다.

내가 처음 성인 영화를 본 때는 중학교 3학년 때였다. 중랑천 인근에 있는 새서울극장이었던 것으로 기억한다. 장안의 화제가 됐던 《영자의 전성시대》가 상영 중이었다. 송재호와 염

복순이 주연한 영화였다. 야한 포스터가 사춘기 소년의 아랫도리를 자극했다. 난 정말 보고 싶었다.

우리 집 앞에는 공장이 하나 있었다. 자개장롱을 만드는 곳이었다. 공장 앞을 지날 때마다 아교 냄새가 진동했다. 공장에는 공돌이들이 수십 명 있었다. 내 나이 또래거나 나보다 몇 살 정도 더 많은 젊은이들이었다. 서울 태생은 거의 없었고, 듣지도 보지도 못한 지방 출신이 각색의 사투리를 써가며 동네를 휘젓고 다녔다.

종종 그들과 어울려 축구나 짬봉 같은 놀이를 했다. 공 하나만 있으면 수십 명이 벌떼처럼 이곳저곳으로 몰려다니며 젊은 혈기를 토해냈다. 공돌이들은 하나같이 장발이었다. 공부 못한 한을 머리로 풀었다. 어른 티를 그렇게라도 내고 싶어 했다.

공돌이 가운데 평소 친하게 지내던 한 명을 꼬여 극장에 갔다. 나보다 세 살 정도 많은 형이었다. 막 청년 문턱에 들어서는 나이였다. 그 형이 호기롭게 말했다.

"나만 믿어."

어찌어찌해서 무사히 극장에 들어갔다. 말 그대로 '만원사례'였다. 빈자리가 하나도 없을 정도였다. 공돌이 형 옆에 바짝 붙어 내 자리를 찾아갔다. 앉자마자 불이 꺼졌다. 영화 상영을 알리는 신호였다. 지시봉을 든 '박통'이 네다섯 번은 나왔던 지루한 대한늬우스가 끝났다. 빨가벗은 여자가 나오는 장면을

동네 산책을 하다가 디브이디 가게에 들렀다. 지금은 흔적조차 없다.

속으로 상상하고 있는데 갑자기 웅장한 음악이 울려 나왔다.

"동해물과 백두산이 마르고 닳도록…"

그렇게 우리는 모두 대한 사람 대한으로 길이 보전하길 원하며 자리에 앉았다.

침을 삼켜가며 기다렸다. 염복순의 뇌쇄적인 자태가 드러났다. 목욕탕 때밀이로 나온 송재호와 걸진 한 판의 정사를 앞두고 복순이가 한 꺼풀 두 꺼풀 포장을 풀기 시작했다. 갑자기 옷보다 살이 더 많이 보였다. 위아래를 가리고 있던 검은 두 개에 나는 흥분했다. "세상에!"

브라자와 빤스가 검은색일 수 있다는 사실이 놀라웠다. 내 기억에 그 장면이 가장 야했다. 이유는, 그다음 장면들이 아침

길거리 모습이거나 밥 먹는 일 같은 아주 평범한 일상의 한 컷이었기 때문이다. 그때 한국 영화는 다들 그랬다. 메가폰을 잡은 감독들은 관객들에게 상상력을 최대한 발휘하게 해 주었다.

오늘 나는 이장호 감독이 만든 《별들의 고향》이라는 영화를 봤다. 1974년 작품이니까 40년이 넘었다. 지금의 잣대로 본다면 영화 같지도 않다고 할지도 모른다. 하지만 그 당시 50만 명에 가까운 관객을 동원해 한국영화계에 돌풍을 몰고 온 작품이었다.

영화에는 원작자인 소설가 최인호가 카메오로 출연했다. 이장희의 노래 〈나 그대에게 모두 드리리〉가 주제 음악으로 나왔고, 우리 눈에 익숙한 백일섭(건달 역)과 전원주(식모 역)가 등장했다. 두 시간에 가까운 상영 시간 동안 스크린에 빗금이 대여섯 번 정도 왔다 갔다 했다. 화질이 너무 선명했거나 또 배우들이 너무 연기를 잘했다면 오히려 반감이 들었을지도 모른다. 옛날 영화는 옛날식이어야 좋다.

영화가 끝나고 뒤풀이 삼아 몇몇이 자리를 함께했다. 다들 나보다 연상인지라 내가 영화평에 끼어들 틈은 없었다. 그들은 그 시대를 어른 또는 중 고등학생으로 살았다. 그 당시 초등학교를 막 벗어날 때였던 나는 그냥 듣기만 했다.

영화 《별들의 고향》에는 유명한 대사가 두 번 나온다.

하나는 “내 입술은 작은 술잔이에요”, 또 하나는 “경아, 오랜만에 누워보는군”이다.

앞말은 경아로 분(粉)한 안인숙이 한 말이고, 뒷말은 문호로 분한 신성일이 한 말이다. 안인숙의 그 대사는 1970년대 젊은 남자들의 유행어였다. 술집 여급에게 한두 번 농 삼아 해보지 않은 남자들이 없을 정도다. 스물두 번쯤 나온 키스신에서 경아의 입술은 정말로 쪽 소리 내 가며 한 번쯤 입에 대보고 싶은 ‘작은 술잔’ 같아 보였다.

나는 할리우드 키드(Hollywood Kid)는 아니다. 그렇다고 할리우드 어덜트(adult)도 아니다. 좋은 영화를 골라보는 안목도 없고, 영화평을 근사하게 해낼 자신도 없다. 그저, 이제 더는 빗줄기 내리는 삼류영화를 만나기 힘든 현실이 가슴 아플 뿐이다. 너무 빠르게 가는 세상에서 좀 더디게 가는 삶을 살고 싶다.

“나는 옛날 영화가 보고 싶다.”

다시, 푸호이에서

책을 덮고 생각에 잠긴다.
내 말동무 뭉게구름이 산 두 개를 넘었다.
그리 급한 것도 없으니 천천히 따라오란다.

맥주 한 잔을 마셨다. 빈속이라 그런지 쉽게 취한다. 나 홀로 한 잔, 말동무는 산 너머 있는 뭉게구름뿐이다. 알코올 탓인지 금세 몽롱한 기분이 든다. 술집 안에는 늙수그레한 남정네들이 진을 치고 앉아 있다. 큰 소리를 내가며 허세를 부리는 모양새가 누구 하나 할 것 없이 자연스럽다. 토박이들이다.

약간은 혀 꼬부라진 소리를 내며 맥주 한 잔을 더 청했다. 조르바(니코스 카잔차키스가 쓴 소설『그리스 사람 조르바』의 주인공) 같이 생긴 선술집 주인이 낯선 동양 사람을 건방지게 쳐다본다.

"아 유 오케이?"

들켰나, 갑자기 불안해진다. 그래도 헛기침을 하며 호기롭게 말한다.

"아이 엠 오케이. 김미 어나더 글라스."(I am OK. Give me another glass.)

그 사이, 선술집을 둘러본다. 한 세기 반 전, 이곳에 발을 디딘 체코 보헤미안 후손들의 생활사가 그대로 느껴진다. 초기 정착민이 썼으리라 짐작되는 생활용품이 눈에 들어온다. 망치와 도끼, 다리미와 주전자, 가죽 장화와 여행 가방…. 색 바래고 빛바랜 물건들이 묵묵히 역사를 말해준다.

두 번째 잔은 조금은 더 여유롭게.

책을 펼쳤다. 『좀 더 가까이－북숍＋북 카페＋서재』라는 책이다. 오래전에 사 놓고 아껴가며 한 장 두 장 읽던 중이었다. 내 꿈이, 북숍에 카페에 서재에 다 들어있다. 언젠가 그런 멋진 날이 내게도 올 거라고 믿으며 살아왔다.

우선 맛보기로 눈을 크게 뜨고 책을 훑는다. 책장 넘어가는 소리가 낙엽 밟는 소리 같다. 어디부터 읽을까. '에코의 서재－매혹적인 소설가의 서재'. 좋다, 느낌이. 안경을 벗고 책을 끌어당긴다. 엉덩이를 조이고 눈에 힘을 준다. 몇 장의 사진이 유혹한다. 와 달라고, 읽어달라고. 둘째 손가락에 침을 묻힌다. 갑자기 이런 구절이 나온다.

"내가 이 세상 도처에서 쉴 곳을 찾아보았으되/ 마침내 찾아낸/ 책이 있는 구석방보다/ 나은 곳은 없더라." 움베르토 에코의 소설, 『장미의 이름』 서문 중에서.

더 읽을 필요도 없다. 에코는, 이제 나다. 내가 기호학자이고 소설가이다. 내가 그토록 좋아하는 스타일, '세상의 바보들에게 웃으면서 화내는 방법'의 글쓰기를 알려 준 그가 이제는 내가 된 것이다.

책을 덮고 생각에 잠긴다. 내 말동무 뭉게구름이 산 두 개를 넘었다. 그리 급한 것도 없으니 천천히 따라오란다. 맥주 한 모금을 길게 들이마신다. 목젖까지 시원하다. 그러면서 취기가 살짝. 책을 더 읽을까, 하는 고민을 하고 있는데 나도 모르게 슬그머니 눈이 감긴다.

립 반 윙클.(Rip Van Winkle)

서른 해 전, 대학 신입생 때 만난 노인네다. 국적은 미국, 나이는 족히 백 살은 넘었을 것이다. 미국 단편소설의 거장이라고 할 수 있는 워싱턴 어빙이 만들어낸 미국판 '산 할아버지'라고 생각하면 쉽다.

줄거리는 대충 이렇다.

립 반 윙클이 아내 등쌀(잔소리)에 못 이겨 산에 사냥하러 간다. 숲속에서 이상한 남자를 만난다. 그가 건네준 술을 마시고 나무 그늘에 누워 낮잠 삼매경에 빠진다. 얼마나 잤을까. 아뿔싸, 이미 해는 서산 끝에 걸려 있다. 옆에는 녹슨 사냥총이 보였고 수염은 덥수룩해졌다. '아이코, 마누라에게 또 한 소리 듣겠군' 하며 집으로 돌아간다.

이상하다. 자연은 모두 그대로인데 사람들이 낯설다. 아무도 그를 알아보는 사람이 없다. 단지, '한잠'만 자고 왔을 뿐인데. 마누라는 죽은 지 오래다. 다행이다. 그 뒤 행복하게 살았다는 이야기. 참고로 '립 반 윙클'은 '시대에 뒤떨어진 사람'을 뜻하기도 한다.

내게 푸호이(Puhoi)는 립 반 윙클이 낮잠을 즐겼던 나무 그늘 같은 곳이다. 삶에 지쳐 좀 쉬고 싶을 때, 사냥총 대신 책 한 권을 들고 피난을 간다. 선술집에서 맥주 한 잔을 마시고, 그 취기를 빌려 산속을 헤매다가 힘이 빠지면 아무 나무 밑에나 눕는다. 그리고 코 골며 깊은 한잠. 뉴질랜드판, 립 반 윙클이 된다.

한동안 일부러 푸호이를 멀리했다. 삶이 힘들지 않아서가 아니라, 어떻게든 견뎌내고 싶어서였다. 아무도 몰래 내 인생의 숨을 곳 한 곳은 남겨놓고 싶었다. 나만의 보석을 숨겨놓고 사는 기분으로 살았다.

그런데….

다시, 푸호이를 생각하고 있다. 그렇다고 마누라 잔소리가 더 심해진 것은 아니다. 잠시, 쉬었다 가고 싶어서다. 세상 어떻게 돌아가든 상관없이 낮잠 한숨 늘어지게 자고 나면, 내가 몰랐던 새 세상이 기다리고 있을 줄 누가 알겠는가. 그러니, 이제는 날 찾지 마시길 부탁한다.

시간이 멈춘 땅 푸호이 마을의 선술집 모습.

체코 보헤미안 출신들이 세운 푸호이 마을의 예배당.

등짝 셋

'뒤로 돌아' 하면 여섯 짝 엉덩이가 함께 물거품을 내며
180도 방향을 바꿨다.
같은 피를 받고 태어난 박씨 집안의 등(짝) 세 개가
버팀목처럼 보였다.

날씨가 무덥다 보니 집에 있으면 자연스럽게 윗도리를 훌렁 벗게 된다. 나만 그러면 더위에 지친 중년 남자의 일탈로 생각하겠는데, 아들놈 셋도 천연덕스럽게 따라 한다. 좁은 거실에 떡 하니 차지하고 있는 스리 플러스 원 플러스 원 플러스 천 소파에 반쯤 눕다시피 걸터앉은 사내 넷은 반라 상태다. 책 읽고, 영화 보고, 음악 듣고, 스마트폰으로 게임하고…. 다들 저마다의 신비한 세계에 빠져있다. 대충 찍으면 외설 사진이 될 것이고, 정성 들여 찍으면 예술 사진이 될 듯싶다.

등짝 하나.

다른 놈은 '등'으로 묘사해도 되겠지만, 둘째 놈 등만큼은 '등짝'으로 써줘야 사실감이 난다. 꼬마 때부터 럭비와 농구를 해서 그런지 이놈 등짝과 어깨는 유난히 넓고 쫙 벌어져 있다. 전체 몸의 삼 분의 이가 등에 몰려 있지 않나 싶다. 정말로 내 아들이 아니라면, 시원하게 등짝을 한 번 갈겨 주고 싶다. 그럴만한 이유는, 물론 없다. 그냥 한 대 갈기면 홍해가 갈라지는 '쫘~자작' 소리가 날 것 같고, 오래전 날 버리고 간 그 여자가 화들짝 놀라 다시 돌아올 것 같기도 하다.

등짝 둘.

막내 놈은 태어날 때 무려 4.3kg의 위용을 자랑했다. 그때 백일잔치를 할까 말까 망설였다. 돌쯤 되었을 때는 초등학교에 들어가도 될 것 같은 품새를 뽐냈으며, 정작 초등학교 1학년(Year 1) 나이인 다섯 살 때는 '충성' 하고 거수경례를 할 정도로 숙성해 있었다. 얼굴도 새까맣고, 다리도 새까맣고, 등짝도 당연히 새까맣다. 일주일이나 열흘에 한 번 하는 목욕재계 탓은 아닌 것 같고, 아무래도 유전자가 '흑심'으로 가득 차 있는 것 같다.

등짝 셋.

한번 앉았다 하면 꼼짝하기 싫어하는 큰놈은 등짝이 얼굴만

욕조 속의 형제애. 왼쪽부터 한솔, 예솔, 진솔. 2000년 즈음.

큼이나 잘 생겼다. 축구로 단련된 몸이라 그런지 앞뒤에 꼭 필요한 살만 붙어 있다. 에이 스리(A3) 갈색 종이를 한 장 펼쳐 놓은 듯 어디 하나 구김살이 없다. 모르긴 몰라도 여자들이 딱 좋아할 등짝이다. 그런데 등짝 위에 있는 어깨가 늘 휘어져 있어 문제다. 무엇에 집중할 때 어깨를 너무 써서 그렇다.

아들놈 셋의 등(짝)을 처음으로 함께 본 것은 십여 년 전이다. 애들 방학을 맞아 평소 친하게 지내던 가족과 함께 유황 온천으로 유명한 로토루아(Rotorua) 여행을 갔다. 막내 놈이 두 살 무렵이었으니 둘째 놈은 다섯 살, 큰놈은 일곱 살 정도 되었을 때였다. 모텔에 있던 큰 욕조에 애들 셋을 풀어놓았다.

2020년 11월 3일 막내아들 진솔의 오클랜드대학 졸업식.
어른이 된 삼솔이가 한자리에 모였다. 왼쪽부터 예솔, 진솔, 한솔.

고만고만한 풋고추를 달랑달랑 흔들며 신나게 놀았다. 그때 내 눈에 유독 한 장면이 클로즈업됐다. 서로 등을 밀어주던 장면이었다. 때를 벗겨주겠다는 뜻은 아니었고 그냥 거품 내서 놀다가 그런 장면이 나온 것이다.

그 순간을 나는 기록으로 남겼다. '욕조 속의 형제애'(Brotherhood at the Bathtub). 한 컷 한 컷 찍을 때마다 세 놈 다 활짝 웃었다. '좌향좌' 하면 셋 다 몸을 돌렸고, '뒤로 돌아' 하면 여섯 짝 엉덩이가 함께 물거품을 내며 180도 방향을 바꿨다. 같은 피를 받고 태어난 박씨 집안의 등(짝) 세 개가 버팀목처럼 보였다.

둘째 놈이 여섯 살 때였다. 피해갈 수 없는 홍역(수두였을지도 모른다)에 걸렸다. 예방주사를 맞았는데도 이놈은 상태가 안 좋았다. 두세 살 때부터 운동감각이 있어 공을 몸에 달고 살았지만, 엄살도 현란한 드리블만큼이나 상상을 초월했다. 홍역으로 죽는 게 아니라 엄살로도 죽을 것 같은 몸동작을 보여줬다.

이때 든든한 힘이 되어준 게 바로 형과 동생의 등짝이었다. 형제의 아픔을 눈 뜨고 볼 수 없었던 다른 놈들이 가짜 환자 행세를 해 줬다. 전우애, 아니 형제애를 몸으로 실천했다. 등짝에 하얀 약을 덕지덕지 바르고 집이 떠나갈 정도로 큰 소리로 곡(哭)을 했다. 그러면 곡이 악(樂)으로 바뀌었다. 아들놈 셋은 서로 등짝을 바라보며 웃고 또 웃다가 아침 해를 맞았다.

그 뒤 한 해 두 해 세월이 흐르면서 아이들이 내 키보다 커졌지만, 그놈들의 등짝을 보기가 쉽지 않았다. 내 등의 짐이 너무 무거웠기 때문이었다. 스무 해가 넘은 이민살이, 지나간 삶을 돌아보면 내 등짝에 있었던 것은 그 어떤 부담이었다. 희망과 불안 사이, 내 꿈과 의무 사이, 그리고 덧없이 맞게 된 중년의 나날들.

등이 내 뒤에 있다는 것은 그런 점에서 다행일지도 모른다. 앞에 있었다면 그 많은 짐을 어떻게 졌을까, 생각하게 된다. 얼마나 무거운지 몰랐으니 질 수 있었고, 얼마나 더 가야 내려놓을 수 있는지 몰라 지고 갔을 뿐이다. 아직은 그 짐을 다 내려놓을 수는 없다. 어쩌면 평생 내려놓지 못할지도 모른다. 그게 바로 내 등짝의 운명일 것이다.

요즘 들어 불쑥불쑥, 아들놈 셋의 등짝이 정겹게 다가온다. 나도 모르게 풋 웃음이 나온다. 믿음직스럽고 대견하다. 서로서로 힘이 되는 등이었으면 좋겠다는 생각을 한다. 어쩌면 형제애는 돈 몇 푼이나 몇 마디 위로로 채워지는 게 아닐 것이다. 말로 안 해도 등짝 같은 든든함이 알게 모르게 느껴질 때, 바로 피를 나눈 진한 형제애가 빛나지 않을까.

이 무더운 여름밤, 세 아들놈들의 등짝이 하나로 보인다. 벌거벗은 등짝 하나로 말이다.

1998년 9월 23일 막내아들 진솔이가 태어났다.
사랑스러운 동생 옆에 있는 한솔(왼쪽)과 예솔. 집 벽은 늘 책으로 진열되어 있었다.

네가 애비어미를 버리드라도

–『아버지의 라디오』를 읽고

나는 이 대목에서 숨이 멎었다.
아침도 낮도 아닌 '밤'에서, 아버지도 아닌 '아빠'라는 글자에서
한동안 책을 내려놓을 수밖에 없었다.

두 달 전 엡솜도서관(Epsom Library)에서 책 열댓 권을 샀다. 수명을 다해 버림받은 수백여 권 책 사이로 한국 책이 눈에 띄었다. 그 가운데 유독 내 눈길을 끌었던 『아버지의 라디오』 표지에는 목침같이 생긴 옛날 라디오가 엉성하게 튀어나와 있었다. 아버지와 딸의 사진이 뒷배경을 차지했다. 서른 해 전쯤 찍은 사진이었다. 작은 제목은 '국산 라디오 1호를 만든 엔지니어 이야기'.

오래전에 이 책을 사놓고도 한동안 건드리지 않았다. 느낌상 좋아 보이는 책은 좀 아껴 읽는 내 독서 습관 때문이다. 그러다가 어젯밤 책을 손에 들었다. 마지막 장을 덮는 순간까지 몇 번이나 책을 들었다 놓았다 했는지 모른다. 우리 아버지 세대인 한 엔지니어의 파란만장한 삶을 통해 격동의 근현대사를 만날 수 있었다.

지은이는 김해수, 엮은이는 김진주. 아버지 김해수가 쓴 원고를 딸 김진주가 정리했다. 김해수는 1923년 경남 거창에서 태어나 일본에서 교육을 받고 한국으로 돌아왔다. 해방과 한국전쟁 공간에서 죽음의 문턱을 넘나들었다. 김해수 역시 마수처럼 할퀴고 간 이념의 소용돌이를 피해갈 수 없었다.

일본에서 배워온 전자 기술을 잘 살려 그는 라디오 사업에 손을 댄다. 미국이나 일본에서 밀수입된 라디오를 고쳐주는 일이었다. 누구보다 눈썰미 있고, 실력 좋은 그는 곧 라디오 분야에서 한국 최고 기술자 자리에 오른다.

'럭키 치약'으로 떼돈을 벌던 구인회 회장이 10년 뒤를 내다보며 만든 회사가 금성사(Gold Star, 오늘의 LG 전신)다. 금성사 창립 멤버 가운데 한 명이 김해수. 금성사 로고를 만든 사람이기도 하다.

김해수는 이때부터 독자적으로 라디오를 만들어보겠다는 야심찬 계획을 품는다. 일 년에 걸친 우여곡절 끝에 김해수를 중심으로 한 라디오 개발팀은 첫 작품을 세상에 내놓는다. '금성 A-501', 첫 생산량은 87대였고 가격은 2만 환. 당시 중견 간부급 대접을 받았던 김해수 월급이 6천 환이었음을 생각할 때 적지 않은 금액이었다. 1959년 11월 15일, 삼천리 반도 금수강산에 우리 기술로 만든 라디오가 첫선을 보였다.

하지만 처음에는 생각만큼 잘 팔리지 않았다. 미제와 일제에 밀려 구석 신세를 면치 못했다. 그러던 어느 날, 박정희 장군이 공장을 찾았다. 박정희는 그에게 "무엇을 도와주면 좋겠냐?"고 물었다. 김해수는 "밀수품을 시장에서 없애 달라"고 부탁했다. 며칠 지나 저잣거리에서 라디오 밀수품이 자취를 감췄다. 5.16 군사 쿠데타의 정당성(?)을 보여줘야 했던 박정희는 그의 요청을 외면하지 않았다. 아울러 국가 차원에서 농촌 마을에 라디오 한 대 보내기 운동까지 펼쳐 김해수가 만든 라디오는 전국 방방곡곡에 퍼져 나갔다.

이 책은 엔지니어 한길을 걸어온 김해수의 한평생을 담고 있는 전형적인 자서전이다. 아버지와 딸이 다음 세대를 위해 기록으로 남기지 않았다면 우리 역사의 소중한 자료가 묻혀 버렸을지도 모른다.

책을 읽다가 든 생각.

이 책이 독자들 눈을 끌기 힘들 것 같다는 불안감이 들었다. 역사를 귀히 여기지 않는 오늘의 독자들 때문이다. 첫 라디오를 만든 사람이 있어 대한민국이 오늘의 IT 강국이 될 수 있었다는 사실을 인정하는 사람이 얼마나 될까.

이 책의 엮은이를 짚고 넘어가지 않을 수 없다. 김해수의 딸, 김진주는 1955년에 태어나 이화여대 약학과를 마쳤다. 어렸을 때부터 정의감이 강했던 그는 일찌감치 노동운동에 몸을 담는다. 그때 운명적으로 한 남자를 만난다. 한때 세상을 뒤흔들었던 『노동의 새벽』이라는 시집을 펴낸 노동자 시인, 박노해(본명 박기평)다. 산업화 시대 아버지와 민주화 시대 딸의 갈등은 불 보듯 뻔했다. 김진주는 도발이 생활과 옥살이를 한다.

아버지가 딸에게 보낸 편지 내용 한 부분.

"무엇이든 잘 먹고 몸을 보전하라. 그리고 막상 부모를 버리는 결정을 하드라도 건강하게 살다가 큰일 많이 하고 명을 다해야 한다. 네가 애비어미를 버리드라도 부모는 너 뒤를 보살피다가 끝을 맺게 될 것이다. 1991년 4월 8일 밤 아빠 씀."

나는 이 대목에서 숨이 멎었다. 아침도 낮도 아닌 '밤'에서, 아버지도 아닌 '아빠'라는 글자에서 한동안 책을 내려놓을 수밖에 없었다.

김해수는 생을 마치기 얼마 전 아내에게 편지를 한 통 남겼다.

"여보. 나를 위하거든 이대로 조용하게 보내주시오. 고생만 시키고 아무것도 해준 것 없이 미안하오. 오로지 한 사람의 애인, 사랑하는 아내에게."

그는 2005년 8월 21일 새벽에 세상을 떠났다.

나는 이 독후감을 엡솜도서관에서 쓰고 있다. 글을 쓰다가 잠시 쉴 겸 한국 책이 있는 선반을 둘러본다. 빨간색 표지의 굵직한 책 한 권이 내 눈에 들어왔다. 『그러니 그대 사라지지 말아라』(박노해 시집)

김해수의 딸 김진주의 남편, 박노해의 짧은 시 한 편으로 이 글을 맺는다.

아니다

억압받지 않으면 진리가 아니다
상처받지 않으면 사랑이 아니다
저항하지 않으면 젊음이 아니다
고독하지 않으면 혁명이 아니다

* 국산 라디오 1호 금성 A-501는 이제 3대만 남아 있다.

김해수 지음
김진주 엮음
느린걸음 펴냄
237쪽

악수

사람 온기에 허기가 진 것일까.
아니면 사랑의 손이 그리운 걸까.
내일은 그 누가 되든 무조건 악수를 청해야겠다.

나는 자식들에게 잔소리를 거의 하지 않는다. 큰소리를 질러 본 적도 별로 없다. 아예 안 한다고 하기에는 양심에 좀 꺼린다. 그런데도 내 기억에 없는 것을 보면 말로 아이들을 고치려거나 뜻을 이루려고 하는 성격은 아닌 듯하다.

두세 살 터울의 고만고만한 사내아이 셋을 키우면서 그 악역을 아내에게만 맡긴다는 뜻은 아니다. 아들과 아빠 사이에는, 아니 사람들 사이에는 갈등을 조정하는 더 좋은 방법이 있다는 것을 내 나름대로 깨우치고 있다. 악수다.

"아들, 악수하자."

아이들이 시험을 잘 못 봐 낙심하고 있을 때도, 운동 경기에

져서 기분이 안 좋을 때도, 술에 취해 밤늦게 들어와 미안해할 때도 나는 이렇게 말한다.

"아들, 악수하자. 악수하면 되는 거야."

손과 손이 서로 껴안을 때, 실망과 침울과 불안이 사라진다. 열 마디 백 마디 말보다 때로는 무언의 악수 한 동작이 모든 것을 풀어준다. 그 짧은 순간, 마음이 열리고 새 세상이 느껴진다. 악수는 사람이 만들어낸 최고의 몸짓이다.

악수할 때 잊지 말아야 할 게 하나 있다. 악수하지 않는 다른 한 손은 어깨를 두드려야 한다. '그 정도면 충분해' 하는 뜻이 담겨 있다. 아이들과 나 사이에는 옅은 웃음이 흐른다. 그걸로 끝이다. 복잡한 세상사 조금만 달리 생각하면 뜻밖에 단순하다. 악수 하나로 모든 게 이해되는 사이, 그게 바로 부자 관계 그리고 사람 관계여야 한다고 믿는다.

1984년 스물한 살 가을 끝자락, 나는 머리를 빡빡 깎고 논산행 기차를 탔다. 그날 아침, 아버지께 큰절을 올렸다. 아무리 군대가 좋아졌다고 해도 어떤 사고가 일어날지 알 수 없었다. 난생처음 해본 큰절이었다. 아버지는 격식을 싫어했고 큰절 같은 것도 꺼렸다. 설날이나 한가위 같은 명절에도 마다했다. 그런데 그날, 아버지는 기다렸다는 듯이 방석에 앉아 내 절을 받았다.

"잘 갔다 와라."

아버지는 내게 악수를 청했다. 아무 표정이 없으셨다. 그리고 뒤도 돌아보지 않고 안방으로 들어가셨다. 어머니는 집 밖 버스 정류장까지 나와 배웅했다. 비상금 몇만 원을 주머니에 넣어 주었다.

"힘들어도 참아라. 밥 잘 먹고…. 기도할게."

어머니는 하염없이 우셨다. 아들이 마치 전쟁터에 끌려가기라도 하는 것처럼, 그렇게 눈물로 나를 보냈다.

1987년 2월 초 설날을 하루 앞두고 병장으로 만기 제대했다. 예비군 옷을 입고 부모님께 큰절을 했다. 아버지는 내게 악수를 청했다.

"고생했다."

단 한 마디뿐이었다. 얼굴에 웃음이 보였다. 안도의 표정이었다. 어머니는 꽃게를 삶아주었다. 내가 제일 좋아하는 음식이었다.

"잘 참아줘서 고맙다."

어머니는 환하게 웃었다. 남자는 군대만 무사히 갔다 오면 사람이 되는 줄 아셨다.

내가 첫 일터를 잡았을 때도, 일 년 예정으로 배낭여행을 떠났을 때도, 큰손주를 품에 안겨줬을 때도, 뉴질랜드 이민행 비행기에 올랐을 때도, 몇 해 뒤 한국에 갔을 때도 아버지는 늘 손을 내밀었다. '남자끼리는 악수하면 되는 거야' 하는 무언의 뜻이 담겨 있었다.

아버지가 내게 마지막 악수를 하자고 한 때는 언제쯤일까. 생각해보니 2009년 2월 초로 기억된다. 간암 말기, 모르핀으로 겨우 목숨을 유지하던 아버지가 작은 목소리로 나를 불렀다.

"성기야! 꼭 부자로 사는 게 복은 아니다. 신앙생활 열심히 하고…."

그러며 내 손을 잡았다. 핏기 하나 없는 손, 악수라고 할 수도 없는 힘에 부친 부자 사이 마지막 접촉이었다. 아버지는 며칠 뒤 세상을 떠났다.

그 여자의 손을 기억한다. 길고 하얀 손, 그리고 온기. 늦가을 어느 날 밤, 동네 공원에서 뒤돌아서는 그에게 악수를 청했다. 첫 데이트가 끝나고 막 헤어지려고 할 때였다. 나는 갑자기 악수가 하고 싶어졌다. 단순히 스킨십을 하고 싶은 게 아니었다. 너무 사랑스러워 손이라도 만졌으면 했다. 가로등 불빛 사이로 그가 손을 내밀었다. 천생 여자 손이었다.

여자의 손은 늘 슬프게 다가온다. 꼭 남자 손보다 작아서가 아니다. 다섯 손가락 사이에 여자 특유의 슬픔이 묻어 있다. 스무 살이든 마흔 살 또는 쉰 살이든, 아니 여든 살 소녀든 그 슬픔은 같은 질감으로 와 닿는다. 내게 여자의 손은 쉽사리 잡을 수 없는 손, 너무 여려 바스러질 것 같은 슬픈 손이다. 그 손은 사랑을, 가족을, 세상을 껴안지만 정작 그 손을 인간적으로 대하며 애정 있게 잡아주는 사람은 그리 많지 않다.

유명 인사들의 손을 잡아본 경험이 있다. 대부분 형식만 갖춘 악수였다. 그 가운데 대통령 후보 김영삼, 서울 올림픽조직위원장 박세직, 재야운동가 백기완이 기억에 남는다. 그들의 악수하는 힘은 무엇보다 셌다. 그 힘은 어쩌면 그들이 가진 자리 또는 자신감에서 나왔는지 모른다. 남자다움은 있었지만, 사람다움은 없었다. 손과 손 사이, 마치 쇠뭉치를 대하듯 사람의 정이 느껴지지 않았다.

반면 여자와 하는 악수는 달랐다. 장애인 복지시설에서 봉사하는 수녀, 동화를 쓰는 작가, 아프리카 오지에서 복음을 전하는 간호 선교사, 그들의 손은 한결같이 작고 여렸지만 세상 온도를 일 도쯤은 높일 수 있을 것처럼 따듯했다. 손과 손 사이가 마치 솜사탕을 대하듯 부드러웠다.

내게 사랑이었던 그는 유독 내 손 잡는 것을 좋아했다. 남자다운 억센 악력이 있는 것도, 그렇다고 귀공자다운 섬세한 손마디가 있는 것도 아닌데 "그냥 이상하게 손을 잡고 싶다"며 내 손을 사랑해 주었다. 입술도, 가슴도, 허벅지도 저세상 것이었다. "네 손을 잡고 있으면 이 세상에서 가장 행복하다"며 늘 밝게 웃었다.

연애하며 많이도 웃고 울었다. 시간이 흐르면서 우리 사랑도 사위어갔다. 몇 해 뒤 초봄 늦저녁, 그가 내게 악수를 청했다.

"잘 가."

그러면서 덧붙인 마지막 한 마디.

"이 손을 언제 또 잡아보지. 참 좋았었는데…."

그렇게 그는 떠났다. 나는 한때 내 사랑이었던 그의 길고 하얀 손이 유독 기억난다. 얼굴을 생각하면 눈물만 날 뿐인데, 손을 생각하면 가슴이 미어질 정도로 아프다. 손과 손 사이에 우리의 모든 것이 있어서 그럴 것이다. 그가 한 발짝 두 발짝 멀어져 갔다. 둘 곳 없는 내 손이 가로등 불빛에 더 서글퍼 보였다.

내 손을 유심히 다시 본다. 크지도 작지도 않은 손. 이 손으로 얼마나 많은 사람과 악수를 했던가. 스쳐 지나간 옷깃처럼 얼마나 많은 사람의 손과 인사를 했던가. 때로는 격려의 손, 때로는 믿음의 손 그리고 또 때로는 사랑의 손 노릇을 다해 왔다. 그 누가 인정해 주지 않아도 내 손은 그 노릇을 충실히 했다.

불현듯 악수가 하고 싶을 때가 있다. 그 손이 남자든 여자든, 그 대상이 아는 사람이든 모르는 사람이든 그 어느 순간 내 손을 펼쳐 상대방의 손을 꼭 잡고 싶다. 사람 온기에 허기가 진 것일까. 아니면 사랑의 손이 그리운 걸까. 내일은 그 누가 되든 무조건 악수를 청해야겠다.

자린고비, 그는 왜 시곗줄을 풀었을까

집에 돌아오면 양복과 양말을 벗듯 시계를 벗는다.
작은 드라이버로 참외씨만 한 소형 건전지를 빼놓는다.

내가 잘 아는 짠돌이 얘기를 한번 해볼까 한다. 그는 오래전 세상을 떠났지만, 반세기를 넘게 함께 산 아내는 물론 그의 자식들까지도 그가 생전에 펼친 짠돌이 행각을 화제 삼아 추억을 더듬는다.

우선 간단하게 몸풀기부터 해보자. 그의 이름 가운데 자는 '용'이다. 한자는 용 용(龍)을 썼다. 한눈에 봐도 쉽게 알 수 있듯이 이 한자는 획수가 많다. 연필 또는 볼펜으로 쓸 때 열다섯 번 정도 움직여야 한다. 연필이 자주 닳고, 볼펜 잉크가 쉽게 떨어진다는 뜻이다. 그래서 '용 용(龍)'자 대신 '쓸 용(用)'자로 바꿔 버렸다. 무려 열 획이 확 줄었다. 연필심과 볼펜 잉크를 얼마나 아낄 수 있을지는 상상에 맡기겠다.

그는 가운데 이름 한자를 바꾼 이유가 딱히 그것 때문이라고 하지는 않는다. 독실한 기독교 신자였던 그는 용(龍)이 기독교에서는 사탄을 뜻해 그냥 종교적인 관점에서 편하게 '쓸 용(用)'으로 바꿨을 뿐이라고 역설한다.

하지만 평소 씀씀이로 봐서는 연필심이나 볼펜 잉크를 좀 더 아껴 쓰기 위해 부모님이 지어주신 이름을 고쳤다는 데 비중을 더 둘 수밖에 없다. 지금은 다들 저세상 사람이 되었지만, 북한에서 생사의 고비를 넘으며 함께 건너온 그의 두 형은 한 마디 상의도 없이 이름의 한자를 바꾼 동생의 불효를 눈 뜨고 볼 수 없다며 한동안 절교하기도 했다.

몸도 좀 풀었으니 이제부터 본 경기에 들어가 보자.

그의 손목시계는 손목에 있는 시간보다 손 밖에 있는 시간이 훨씬 더 많았다. 이유를 물어보면 상상도 할 수 없는 답이 나온다.

"건전지 아끼려고 그러지. 아껴야 잘 산다."

그는 집 밖으로 나갈 때만 손목시계를 찼다. 집에 돌아오면 양복과 양말을 벗듯 시계를 벗는다. 작은 드라이버로 시계 안에 있는 참외씨만한 소형 건전지를 빼놓는다. "그깟 건전지 값이 얼마나 한다고!" 하고 물으면 재미있다는 듯이 "껄껄껄" 웃으며 답한다.

"오천 원짜리 건전지 하나 사면 남들 이 년 쓰는 시계를 오륙 년은 쓸 수 있어. 아껴야 잘 산다니까."

내가 알기로 그가 평생 쓴 손목시계는 서너 개에 불과하다. 외출한 시간보다 집에 있던 시간, 잠자던 시간이 훨씬 많았던 게 분명할 테니 어쩌면 서너 개도 필요 없었을지 모른다. 그렇다면 그중 한두 개는 누가 선물로 주었거나 번갈아 가면서 쓴 게 분명하다는 추리가 가능하다.

그는 손님이 찾아올 때마다 짠돌이 위용을 맘껏 자랑한다. 당신들도 한번 해보라는 뜻이다. 그의 아내는 그럴 때마다 칠색 팔색을 한다. "제발 좀 그만하세요. 이 세상에 손목시계 건전지를 넣었다 뺐다 하는 사람이 어디 있어요?" 하며 잔소리를 해댔다.

그래도 그는 절대 기죽지 않았다.

"아낄 수 있는 것은 아껴야지. 시계도 좀 쉬어야 할 것 아니야? 허허."

그의 집 화장실 변기 뚜껑은 그가 집에 있을 땐 닫혀 있기 일쑤다. 아내는 늘 열어 놓는다. 변기 뚜껑이 금두꺼비도 아닌데 그걸 가지고 옥신각신하는 까닭은 그 속에 담긴 물의 성분 때문이다.

그는 '작은 일'을 보고 물을 내리는 경우가 절대 없다. '큰 일'을 봐야만 마지 못해 물을 한번 내린다. 그것도 '풀 플러시'

(Full Flush)가 아니라 '하프 플러시'(Half Flush)로 때운다. 그가 집에 있는 동안 그의 자식들이 작은 일만 보고도 하프 플러시 하는 것을 보면 경을 친다.

"이 자식들이, 물세 비싼 줄도 모르고!"

그렇다고 물세가 다른 집보다 적게 나온다고 생각하면 오산이다. 그가 외출만 하면 아내는 기다렸다는 듯이 화장실을 반짝반짝할 정도로 닦아 놓는다.

"아이고! 이놈의 집구석. 언제나 똥오줌 냄새 안 나는 집에서 살아보려나."

아내는 땀을 쏟아내며 물청소를 한다.

외출 나갔다 돌아온 그는 버럭 소리를 지른다.

"물 좀 아껴 쓰라고 몇 번이나 말해야 알아들어? 돈 귀한 줄 모르고!"

그의 절약 정신은 관공서에서도 인정할 정도였다. 부천에서 그가 혼자 살 때가 있었다. 버림받은 것은 아니고, 스스로 유폐 생활을 했다. 어느 날 구청에서 그를 찾아왔다. 한 달 전기료가 천 원밖에 안 나와 과연 사람이 살고 있는지 궁금했던 것 같다.

물론 사람이 살고 있었다. 전기세가 천 원이었으니 나머지는 말한들 무슨 소용이 있겠는가? 믿든 안 믿든 의식주 통틀어 그가 그 당시 한 달에 쓴 돈은 '무려' 이만 원이었다. 한국에서 축구 월드컵이 열렸던 2002년 무렵이었다.

그는 3~4km 정도는 기본으로 '날아'다녔다. 노인에게 주는 무료 지하철 이용권을 받을 수 있었는데도 두 다리 건강한데 굳이 나랏돈을 쓸 필요가 없다며 고사했다. 동네 인근 쓰레기봉투 용량 확인도 그의 몫이었다. 조금만 빈틈이 보이면 자기 집 쓰레기를 그 안에 몰아넣었다. 환경미화원의 일을 줄여주기 위해서였다.

그는 교회 새벽기도가 끝나면 한 시간 넘게 거리를 돌며 가로등을 끄곤 했다. 자기 딴에는 '그 아침'까지 불을 켜 놓아야 할 까닭이 없었던 것이다. 주민들의 민원이 잇따르자 구청에서 '범인 체포'에 나섰다. 범인은 물론 금방 잡혔다. 그런데도 그는 당당했다.

"나랏돈을 아껴야지. 훤한 대낮에 가로등을 왜 켜놓고 있는 거요?"

그 짠돌이가 세상을 떠나기 며칠 전, 집 근처에 살던 둘째 딸을 따로 불렀다.

"네 에미가 모르는 돈을 좀 모아놨다. 국민은행 통장에 만 달러가 있으니 장례비로 써라. 엄마에게 말을 안 한 이유는 내가 미리 언질을 주었다면 내 장례비가 자식들 지갑에서 나오게 될 것 같아서였다. 아무리 아버지라도 내 죽음은 내가 거두고 싶다. 그리 알아라."

그의 죽음이 임박했을 때 세 시간 거리 외국(호주 시드니)에서 살던 큰아들과 막내딸이 한걸음에 달려왔다. 죽음의 문턱에서 의식이 가물가물하던 그가 피붙이를 보는 순간, 마지막 참았던 눈물을 쏟아냈다. 이때만큼은 아끼지 않았다. 그가 줄 수 있는 최고의 눈물을 퍼줬다.

짠돌이 아버지 빽만 믿고 대학 사 년 내내 장학금 한 번 타내지 못한 큰아들과 둘째 아들은 몸소 천국 길 노잣돈까지 준비한 아버지의 마지막 길을 배웅하며 흐느껴 울었다고 한다.

뉴질랜드 가을 경치 중 가장 예쁘다는 애로우타운에서 고물 트럭을 보았다.
굴러가는 게 신기할 정도였다.

중부시장

오둘둘, 522번 버스를 탈 게 분명하다.
목적지는 서울 중구에 있는 중부시장.
엄마의 친정이기도 하다.

얼굴에 동동구루무를 정성껏 바른다. 촌티나는 월남치마를 벗고 도시풍 양장 스커트로 갈아입는다. 사과 궤짝으로 얼기설기 만든 찬장에 팔을 길게 내뻗는다. 네 겹 여덟 겹으로 접힌 천 원짜리, 오천 원짜리 종이돈이 손에 잡힌다. 얼굴에 홍조가 가득하다.

"엄마 시장 갔다 올게."

나들이용 성장(盛裝)을 한 사십대 중반의 엄마는 뒤도 안 돌아보고 버스 정류장으로 향한다. 오둘둘, 522번 버스를 탈 게 분명하다. 목적지는 서울 중구에 있는 중부시장. 엄마의 친정이기도 하다.

중부시장에는 둘째 외삼촌이 살았다. 외삼촌 얼굴은 호랑이 상이다. 표정도 말도 무서웠다. 꼭 필요한 표정만 짓고, 꼭 해야 할 말만 했다. 열렬한 반공 투사 출신이었다. 한국전쟁이 터졌을 때 외삼촌은 지하 방공호에 숨어 지냈다. 그 속에서 태극기를 만들었다. 미군이 평양에 입성하자 만세를 불렀다. 철저한 반공 투사였다.

외삼촌은 자그마한 식당을 했다. 육개장이나 냉면 같은 것을 팔았다. 내 기억에 음식은 맛있었지만, 환경은 엉망이었다. 식탁은 서너 개뿐. 시장 상인들이 주 손님이었다. 대부분 배달 음식이었다. 식당 주변은 애들 매 맞는 소리, 거지 구걸하는 소리, 아낙네들 머리채 잡고 싸우는 소리로 시끌벅적했다. 1970년대 시장통 풍경은 어디든지 비슷했다.

중부시장은 건어물로 유명한 곳이다. 멸치나 마른오징어 같은 게 산더미처럼 쌓여 있었다. 엄마는 그사이를 훑고 다니며, 더 싼 것 더 맛있는 것을 찾았다. 작은 멸치나 큰 멸치를 몇 됫박 사거나 김 백 톨을 장바구니에 담았다. 우리 집 일곱 식구의 몇 달 치 밑반찬 용이었다.

장보기가 끝나면 엄마는 식당에 들러 이런저런 '이바구'를 나눴다. 호랑이 같은 친정 오빠는 한두 마디하고 사라졌다. 함경도 출신의 올케가 말 상대였다. 일사 후퇴 때 피난 오면서 겪은 고생담을 시작으로 아버지의 괴팍한 성격에 이어 애들 때문에 산다는 눈물어린 대사가 나올 때쯤이면 사방이 어두워진다. 집에 가야 할 시간이 다 된 것이다.

밤 여덟 시나 아홉 시면 엄마가 버스에서 내린다. 두 손에는 바다 냄새 솔솔 풍기는 건어물이 들려 있다. 희미한 가로등 사이로 무뚝뚝하게 서 있는 정류장에 엄마가 얼굴을 내민다. 둘째 아들이 기다리고 있다.

"성기 왔구나."

엄마는 내게 찹쌀떡을 한 개 건넨다. 나는 씩 웃으며 한 입 베어 문다. 찹쌀과 앙꼬가 버무려져 입안을 환하게 한다. 이 세상 최고의 군것질이다. 기다림의 선물이다.

내가 앞서 걷고 서너 걸음 간격으로 엄마가 뒤따라온다. 대충 깎은 상고머리 뒤통수에다 대고 엄마는 묻는다.

"엄마 보고 싶었지?"

"…."

나는 아무 말도 안 한다. 개천 위에 높이 떠있는 반달이 대신 말한다.

'그걸 말해야 아느냐고….'

한 움큼 베어 문 찹쌀떡 때문에 입이 웃는다. 그러나 조금은 줄어든 크기 때문에 마음은 운다.

중부시장은 '이제' 없다. 적어도 내게는 없다. 그리고 엄마에게도. 외삼촌은 오래전 알래스카로 이민을 갔다. 그곳에서 한 많은 생을 마쳤다. 아흔이 다 된 나이였다. 평양 호랑이는 제 고향으로 돌아가지 못하고 낯선 땅에서 객사했다. 외삼촌의 죽음은 허망했다.

엄마는 가끔 내게 말한다.

"둘째 오빠를 한 번 만났어야 했는데…."

알래스카에 가보고 싶었다는 뜻이다. 큰오빠와 막내 오빠는 암으로 세상을 떠났다. 유일한 혈육이었던 둘째 오빠를 그렇게 허무하게 보낸 것이 못내 한탄스러우셨다. 무뚝뚝하기 한이 없었던 중부시장 친정 오빠가 그리워 종종 눈물을 훔쳤다. 지구 밖에 있는 것도 아닌데, 기껏해야 미국 언저리인 알래스카에 엄마를 한 번 못 보내드린 둘째 아들의 불효가 크다.

엄마는 종종 죽음을 얘기한다. 사는 일에 많이 지쳤다는 하소연이다. 그럴 때마다 나는 딱히 할 말이 없어 가만히 듣기만 한다. 그 어떤 위로도 힘이 되지 못한다는 것을 잘 알기 때문이다. 엄마의 놀이터를, 친정을 내가 만들어 줄 수는 없다. 마실 가는 그 어디가 킴스클럽이거나 거복식품이어야만 하는 현실이 엄마를, 그리고 나를 더 슬프게 한다.

팔자가 좋으시군요

'칠'자 앞에서는 당당하지만,
'구'자 앞에서는 열다섯 소녀처럼 부끄러워 한 발 뒤로 빼시는
우리 어머니 한영숙은 그래도 '팔'자가 좋으신가 보다.

"아이 엠 어 영 보이."(I am a young boy.)

사람들을 만날 때마다 아버지는 약간은 웃음을 띠며 이렇게 말씀하시곤 했다. 그때가 이제는 잔치조차 안 한다는 환갑을 갓 넘은 나이도 아니고, 고희가 훌쩍 지난 여든 가까운 나이였으니 어떻게 보면 듣는 사람이 민망하기까지 했을 터이다. 그럼에도 아버지는 늘 진지하게 외쳤다.

"유 노, 아이 엠 어 영 보이."(You know, I am a young boy.)

아버지는 새로운 천 년이 시작되는 2000년에 오클랜드에 오셨다. 외국에 나가 사는 것을 큰 죄처럼 생각할 만큼 조국을

아끼며 사랑했지만, 자식 다섯이 다 뉴질랜드에 이민 와 있는 탓에 어쩔 수 없이 결심할 수밖에 없었다. 그래선지 시도 때도 없이 한국에 다시 돌아가 살겠다고 해 애를 먹었다.

대학에 가기 전까지는 아버지가 절대군주 같았다. 아버지 말을 거스르는 행동은 할 수 없었다. 그랬다가는 집안이 초토화되었기 때문이다. 특히 자식들이 늦잠 자는 꼴을 눈 뜨고 못 보셨다. 아침 여덟 시가 됐는데도 잠에 빠져 있으면 큰소리를 지르며 이불을 걷어찼다. 잠을 덜 깬 네댓 자식이 지렁이 꿈틀거리듯 슬금슬금 기어 나와야만 했다.

내가 결혼하기 전까지 서른 해 정도를 아버지와 함께 살았지만 깊은 대화는커녕 얕은 대화도 별로 하지 못했다. 그리 엄격하거나 위압적이지도 않았고 또 그렇다고 외고집을 부리는 스타일도 아니었다. 그런데도 우리에게는 그저 '아버지'란 범접할 수 없는 대상이었을 뿐이다.

뉴질랜드에서 아버지가 어머니와 함께 따로 집을 얻어 사시기는 했지만 나는 혼자라도 자식 노릇 하느라 일주일에 한 번은 규칙적으로 부모님 집을 찾았다. 그때마다 아버지는 유독 말씀이 많았다. 주로 하나님 얘기를 하셨다. 목사였던지라 자식이 신앙생활을 제대로 하기를 바랐던 것 같다. 다른 자식들보다 얘기를 잘 들었던 나는 귀찮은데도 별로 티를 내지 않고 아버지 말을 들었다. '말 잘 듣는' 자식이었다.

몇 해 뒤, 아버지는 어머니를 놔두고 고국으로 돌아갔다. 오클랜드가 너무 심심해 살 수 없다며 짐을 챙긴 것이다. 두 해쯤 홀로 지내셨을까. 어느 날 뜻하지 않은 전화가 걸려왔다. 아버지가 갑자기 쓰러져 병원에 실려 갔는데 진단 결과 대장암 말기라는 소식이었다. 다시 오클랜드로 오실 수밖에 없었다.

공항에 마중하러 간 날, 아버지는 그 누구보다 씩씩한 모습으로 나타났다. 어느 누가 봐도 병자로 보이지 않았다. 정 많고 울음 많은 둘째 누이가 아버지를 보자마자 대성통곡을 했지만, 아버지는 오히려 껄껄 웃으며 이렇게 말했다.

"네가 자식 중 가장 서럽게 울 줄 알았다."

귀국 행사는 그렇게 멋없게 치러졌다.

다행히 대장암 수술은 성공적으로 끝나 이 년 정도 즐겁게 사셨지만 뜻하지 않게 암이 간으로 전이돼 항암치료를 받아야만 했다. 내가 삼 년 내내 일주일에 한두 번 정도 오클랜드병원으로 모시고 다녔다. 그때마다 아버지는 웃음을 잃지 않고 주어진 사명을 다했다. 바로 전도였다.

"두 유 빌리브 인 지저스? 플리즈, 빌리브 인 지저스."(Do you believe in Jesus? Please, believe in Jesus.)

의사와 간호사에게는 물론 한 번도 만난 적이 없는 환자들한테도 그렇게 외쳤다. 교회를 다닌다고 하면 큰 소리로 웃으며 "할렐루야!" 했고, 안 다닌다고 하면 "플리즈, 플리즈" 하며 더 안타깝게 부탁하셨다. 그때 아버지는 여든 넘은 노인도,

간암 환자도 아니었다. 그저 그 무언가에 집중한 '영 보이'였을 뿐이다. 그때는 그게 너무 부끄러워 지청구를 주었지만, 지금은 주위 사람들에게 아버지를 언급할 때마다 가장 자랑스럽게 생각하는 대목이다. 한국 나이 여든넷에 이 세상을 떠난 아버지는 한평생 가난한 목회자로 사셨지만, 하나님 보시기에는 가장 팔자가 좋은 사람이었음이 분명하다.

몇 해째 일주일에 한 번 또는 두세 번 어머니 댁을 찾아간다. 아버지가 돌아가신 뒤, 어머니는 방 두 칸짜리 집을 얻어 살고 계신다. 플랫(자취)하는 사람이 있어 아주 외롭지는 않으시겠지만 나는 오클랜드에 홀로 남은 자식이라는 숙명 때문에 약간은 불안한 마음으로, 대부분은 기쁜 마음으로 효자 티를 내고 있다. 어머니는 내가 가장 편하다고 하고, 나는 어머니를 의무가 아닌 기쁨으로 모시고 있다고 얘기한다. 저녁 식탁에는 내가 좋아하는 김 달걀찜 가자미구이 닭볶음탕이나 해물탕이 오른다. 여든 넘은 어머니는 쉰 넘은 아들 목구멍에 밥 넘어가는 소리를 즐기고 있다. 후식은 63mL짜리 요구르트 한 병과 여덟 조각으로 쪼갠 사과 한 알.

저녁 식사를 마치면 모자(母子)는 텔레비전을 틀어놓고 한국 뉴스나 연속극을 같이 본다. 어머니는 그사이 열 번은 더 한 얘기, 아니 열 번의 열 번도 더한 얘기를 처음 하시듯 아랫입술에 침을 발라가며 시작한다. 한국에 있는 큰딸, 호주에 사는 큰아들과 두 딸 그리고 그들 사이에서 나온 여덟 명의 손주 얘기로 시동을 건다. 그다음은 통이 작아 마음에 안 들어 하는 사위 셋과 혹시 말이 옆으로 샐까 봐 언급조차 두려워하는 며느리 둘 얘기를 아무도 듣는 이 없는데 베이스 음으로 깔고 속삭이신다.

뉴스에서 박근혜 대통령이 나오면 "여자가 대통령이 돼서 얼마나 고생이 많냐. 아버지 어머니도 총으로 죽었는데…" 하시며 동정어린 눈빛에 혀를 끌끌 차고, 몇 달 전 야당 대표였던 모 인사가 보이면 "저 흰머리 영감탱이 꼴 보기 싫은데 왜 자꾸 나오는 거니?" 하며 입으로 악성 댓글도 다신다. 나는 한 눈과 한 귀로 뉴스나 드라마를 듣고 보고, 또 다른 눈과 귀로는 어머니의 주름진 얼굴과 이바구를 보고 듣는다.

그러다가 느닷없이 "엄마가 여덟 살에 돌아가셔서 내가 얼마가 고생한 줄 아니? 그때만 생각하면…" 이 대목이 나오면 나는 텔레비전 소리를 줄이고 엉덩이를 어머니 쪽으로 조금 더 들이댄다. '말 잘 듣는' 아이로 변하는 순간이다.

이제부터 우리 어머니가 내게 백 번도 더한 얘기를 한 번에 산뜻하게 정리해 보려고 한다.

평양 태생인 어머니는 여덟 살 때(어머니는 열두 살 때 초등학교에 들어갔다고 함) 친어머니를 여의었다. 그때는 잘 몰랐는데 지금 생각하면 자궁암이 아니었을까 생각된다고 했다. 위로 오빠만 셋, 맞기도 많이 맞았는데 그나마 할머니가 계셔서 편을 들어주었다. 아버지한테 새 장가가면 자기는 죽겠다고 엄포를 놔 평생 홀아비로 만든 게 조금은 미안하다고 하셨다. 한국전쟁이 나 피난을 했는데 할머니만 홀로 놔두고 온 것이 너무 가슴 아프다며 마른 눈물을 보였다.

한국전쟁 중 미군이 평양까지 올라왔을 때, 이빨만 하얬던 흑인이 집까지 쫓아와 너무 무서워 화장실로 피했던 일을 약간은 치를 떨며 털어놓았다. 그 말속에는 강간을 당할 수도 있었다는 뜻을 담고 있었다. 엄동설한에 피난 내려가다가 조카를 잃어버려 온 가족이 찾아 나섰던 얘기, 대구에 정착해 사과 상자를 뜯어 얼기설기 판잣집을 만든 얘기, 둘째 딸 성실이를 낳고 너무 먹을 게 없어 옆집 사는 장 집사에게 몇십 환을 빌려 미역국을 손수 해 드신 얘기…. 장강의 물결처럼 어머니의 한 많고 정 많은 야~기는 한없이 굽이굽이 흘러간다.

갓 태어난 둘째 딸은 등에 업고, 두 살배기 큰딸은 손에 잡고, 파마기 하나 없는 풀어진 머리에 보따리를 이고 수원에서 치러진 친정아버지 장례식에 참석할 때 얼마나 서럽게 울었는지를 얘기할 즈음, 나는 불쑥 어머니에게 다른 화제를 던진다.

"한국에 전화할 곳 있다고 하시지 않았나요?"

어머니 집 방문 마지막 행사는 주로 전화 걸기 대행이다. 00 82로 시작하는 국제전화를 하실 줄 몰라 늘 내게 부탁한다. 동기 중 아직 살아계신 둘째 형님(내 둘째 큰아버지의 부인)이나, 한국에 계실 때 함께 신앙생활을 하던 교우들에게 주로 안부를 묻는다.

교우 중 한 권사님과 나눈 대화.

어머니: "권사님, 올해 나이가 몇이죠?"

한 권사: "일흔다섯(75세)이에요."

어머니: (약간 입술을 아래로 틀어 웃으며) "아직 젊으시네요. '칠'자가 들어 있으시니까요."

그러다가 그날 마지막 통화를 큰 올케(내 첫째 외삼촌의 부인)와 하게 됐다.

어머니: "형님, 잘 지내시죠? 그런데 올해 형님 연세가 얼마죠?"

큰 올케: "아흔넷."

어머니: (약간 입술을 위로 틀어 당황해하며) "형님이 벌써 아흔이 넘으셨어요? 정말로 세월 빠르네요."

어머니는 올해 여든넷(양띠), 육 년 전 돌아가신 아버지와 같다. '칠'자 앞에서는 당당하지만, '구'자 앞에서는 열다섯 소녀처럼 부끄러워 한 발 뒤로 빼시는 우리 어머니 한영숙은 그래도 '팔'자가 좋으신가 보다. 쉰 넘은 둘째 아들과 밤새 이바구를 나눌 수 있는 그 '팔팔'한 기운 때문일 것이다.

남섬 테카포(Tekapo) 호수에 있는 선한목자교회(The Church of the Good Shepherd).

요즘 들어 날씨가 추워지다 보니

호떡 생각이 자주 난다.

손 반죽에 열두 가지 재료 속이 들어간 고물.

최소 앞뒤로 일곱 번은 뒤집음.

한 판에 딱 두 개씩 만듦.

배가 터지면 새 반죽에서

아기 젓만큼 떼어내 땜질함.

그리고 아무도 흉내 낼 수 없는

호떡 사랑 365그램.

이게 바로 울 엄마표 호떡 요리법이다.

– '호떡집에 불난 이야기' 중에서

Part 5

호떡집에 불난 이야기

"호떡집에 한번 가봐야 하는데…."
이유는 말하지 않는다.
'원조'의 체면상 섣불리 위엄을 노출하고 싶어하지 않는 눈치다.

곰 한 마리가 집에 들어왔다. 근수는 딱 25kg, 새끼 곰이다. 몸 전체에 색깔이 하나도 없는 것으로 봐서 북극에서 온 백곰임이 분명하다. 통통한 연어를 몇 마리 드셨는지 얼굴이 은혜롭다. 겉모습만 봐서는 순하디 순한 한 마리 양, 아니 한 마리 순진한 곰이다. 그런데 어쩌나, 이제 네 운명이 다 했으니.

뚜벅뚜벅. 한 여자가 조용히 들어온다. 백정 손바닥만한 가위를 든 그가 곰의 목을 비틀어 잡는다. 쓱쓱! 멱 따는 소리가 경쾌하다. 뭉툭한 가위 사이로 하얀 피가 흘러나온다. 그는 입맛을 다셔가며 손가락으로 피를 만져본다.

"참 곱네."

밖에서는 물이 부글부글 끓고 있다. 백정 '뱃대가리'보다 결이 험한 가마솥에서 뜨거운 김이 나온다. 푹푹! 그 누구든 한 번에 잡숴주겠다는 포효다. 불귀신이 혀를 날름거리며 장작불 사이로 춤을 추고 있다.

십 분이나 걸렸을까. 새끼 곰은 저항도 한 번 못해 보고 축 늘어져 있다. 찌그러진 양은그릇에 반죽이 되어 누워 있다. 무척추동물처럼 이리저리 하늘거린다. 모양도 색깔도 없다. 굳이 살아온 흔적을 찾자면 저 구석에 꾸겨진 채 보이는 갈색 옷뿐이다. '대한제분 곰표 밀가루.'

울 엄마는 마술사였다. 엄마 손만 거치면 밀가루는 밥이 되고, 반찬이 되고, 새참이 됐다. 1960~70년대 그 누구 할 것 없이 다 가난하게 살았지만, 조금 더 '거룩하게' 가난했던 우리 집은 쌀 구경보다 밀가루 구경을 자주 했다. "사람이 떡으로만 살 것이 아니요 하나님의 말씀으로…"를 지키며 살아야 했던 성직자 집이었다.(아버지는 개척교회의 전도사, 강도사, 목사로 지냈다.)

"배고프니?"

이 말이 해가 뉘엿뉘엿 지는 대여섯 시쯤 나오면 십중팔구 "수제비 해 먹자"는 뜻이었다. 떡 두 개와 물고기 다섯 마리로 오천 명을 먹인 '오병이어'의 기적이 엄마 손에서 역사했다. 아버지와 두세 살 터울의 다섯 형제 누구 하나 불평하지 않았다.

아니, 못 했다. 그마저 못 얻어먹으면 먹을 게 없어서였다. 한창 클 나이였던 형과 나는 먹어도 먹어도 줄지 않는 수제비를 보며, '아 언제 한 번 쫄깃쫄깃한 삼양라면을 먹어볼까' 하며 딴청을 부리다 거룩하신 아버지한테 뒤통수를 맞기도 했다.

"심심(출출)하니?"

이 말이 평일 오후 세 시나 주말에 나오면 열에 아홉은 "호떡(때로는 꽈배기나 찐빵) 해 줄게"라는 뜻이었다. 커피잔 반 컵 정도 땀을 쏟아가며 반죽을 한 다음 손가락 사이에 낀 밀가루 잔해를 훑어내면 요리 준비가 끝났다는 표시다. 마음속으로 일부터 한 이백까지 세면 달달한 호떡이 나오고, 동네 친구들과 다방구 놀이 서너 차례 하고 돌아오면 설탕 묻은 꽈배기나 속까지 탐스러운 찐빵이 기다리고 있었다. 아, 그 맛은 세속에서는 보기 힘들고 신선이 산다는 영계에서나 볼 수 있는 맛이었다.

1970년대 내내 우리 집 새참(군것질)은 밀가루로 만든 것뿐이었다. 돈 주고 그 무엇을 산다는 것은 상상도 하지 못했다. 손님들이 국광이나 홍옥 같은 사과 또는 부채꼴 모양의 센배과자를 사 오거나, 아니면 조금 덜 거룩했던 둘째 큰엄마가 곰보빵을 사 들고 오지 않는 한, 한 주 한 달이 지나도 과자 봉투 하나 찾아보기 힘들었다. 그러니까 우리 다섯 형제는 듣기에도 경쾌한 '플라우어 시블링스(Flour Siblings, 밀가루 형제들)'이었던 것이다.

엄마는 나이 일흔이 훨씬 넘어 호떡집 주방장이 되었다. 오클랜드 시내 번화가에 '팬케이크 하우스(Pan Cake House)'라는 상호를 걸었다. 주인장은 둘째 누나. 자기 키보다 두 배나 이재에 밝은 매형이 총괄본부장을 맡았다. 완전 패밀리 비즈니스. '코 묻은 돈이 무섭다'는 말은 정말로 거짓말이 아니었다.

일식 주방장처럼 머리에 긴 모자를 눌러쓴 엄마는 아침 열 시부터 호떡을 굽고 또 구웠다. '천 삽 뜨고 허리 한번 펴기' 운동하듯 몇십 개를 구워내야 숨을 돌릴 수 있었다. 오클랜드대학생 등 지갑이 가벼운 젊은 친구들은 물론 직장인, 관광객 등 각양각색의 손님이 몰려들었다. '호떡집에 불났다'는 표현이 딱 들어맞았다. '한 평의 기적', 평양에서 대구 거쳐 서울 그리고 오클랜드까지 칠십 년간 간직해온 울 엄마표 레시피(요리법)가 세계인의 입맛을 홀렸다.

호떡집은 뉴질랜드 헤럴드에도 소개됐고, 한국 유선방송사에서 온 피디 눈에 띄어 〈기적을 일군 교민〉 같은 제목으로 방영됐다. 시간이 지나면서 이재에 더 밝아진 매형은 호떡의 세계를 글로벌 차원으로까지 확대했다. 흑설탕 호떡 외에 치즈 호떡, 채소 호떡, 불고기 호떡 등 무려 일곱 가지나 만들어냈다. 평균 십 미터 정도 줄을 섰으며, 대략 십 분 정도 기다려야 호떡 맛을 볼 수 있었다.

엄마는 석 달 만에 명예퇴직을 당했다. 손 반죽에서 기계 반죽으로 넘어갈 정도로 호황을 이룬 호떡 시장에서 오 분이나 지나야 노릇노릇한 호떡 하나 나오는 '원조'는 더 설 자리가 없었다. 서툰 발음으로 "야미, 야미. 츄라이 잇."(Yummy, yummy. Try it. 맛있어요. 맛있어. 한 번 드셔 보세요.) 하던 '귀여운 그 호떡 할머니'는 고문 자리로 만족했다. 그래도 오클랜드에서 이름 한 번 날린 사실에 대해 큰 자부심을 느꼈다.

둘째누나네의 호떡 사업은 일취월장했다. 돈을 긁어모은다는 소문이 들렸다. 친동생도 모르는 사실을 내 주위 사람은 물론 온 오클랜드 교민이 다 알고 있었다. 시내에 나갈 때마다 호떡 한두 개씩 얻어먹곤 했는데 정말로 동전이 잘 부푼 반죽처럼 쌓여 있었다.

화려했던 호떡집 전설은 누나네가 호주로 건너가는 바람에 끝이 났다. 재이민을 하기 전 다른 사람에게 넘겼고, 그 호떡집은 아직도 불이 나고 있지만 우리 엄마의 숭고한 땀과 누나의 기쁜 눈물이 섞인 호떡 맛은 이제 더 맛볼 수 없다.

일주일에 한두 차례 엄마 집에 들르면 빠지지 않고 듣는 말이 있다.

"호떡집에 한번 가봐야 하는데…."

이유는 말하지 않는다. '원조'의 체면상 선불리 위엄을 노출하고 싶어하지 않는 눈치다. 그때마다 나는 말한다.

"엄마보다 맛있는 호떡을 만들 사람이 이 세상에 어디 있겠어요?"

그럼 엄마는 웃는다. 속으로 '니가 알기는 아는구나' 하면서 말이다.

요즘 들어 날씨가 추워지다 보니 호떡 생각이 자주 난다. 손 반죽에 열두 가지 재료 속이 들어간 고물. 최소 앞뒤로 일곱 번은 뒤집음. 한 판에 딱 두 개씩 만듦. 배가 터지면 새 반죽에서 아기 젓만큼 떼어내 땜질함. 그리고 아무도 흉내 낼 수 없는 호떡 사랑 365그램. 이게 바로 울 엄마표 호떡 요리법이다.

호떡집에 불난 이야기 끝.

차마 묻지 못한 질문 두개

아버지가 내게 전화를 걸었다.
어디서 벌써 소식을 들었는지 나의 북한(평양) 여행을
적극적으로 말리셨다.

"병신 같은 게…."

중학교 2학년 때로 기억한다. 담배 몇 모금을 빨며 십 대 사춘기 비행의 절정을 달리고 있을 무렵이었다. 사소한 일로 여섯 살 위인 누나와 말싸움을 했다. 치고받을 정도로 배포가 크지 못했던 나는 내가 할 수 있는 최악의 욕을 악을 쓰며 내뱉었다.

그러자 누나가 큰소리로 나무랐다.

"병신이라고? 그 말이 네 입에서 나오니? 아버지가 어떤지를 알면서도…."

나는 그 말이 그렇게 심한 말인지 몰랐다. 내 친구들은 그보다 훨씬 거센 욕을 해대는 것을 숱하게 보았기 때문이다. 쌍시옷이나 지읒 자로 시작하는 욕에 견주면 '병신'은 욕 축에도 못 든다고 생각했다.

그런데 나는 아무 대응을 할 수 없었다. 길길이 날뛰던 누나는 급기야 통곡을 했다. '아버지를 생각하면 어떻게 그런 말을 할 수 있느냐'는 듯이 엉엉 울었다. 싸움은 그렇게 허무하게 끝났다.

아버지는 병신이었다. '장애인'이라는 말이 널리 쓰이기 훨씬 전 그는 '병신'이었다. 하지만 우리 집에서는 그 누구도 아버지를 병신이라고 생각하지 않았다. 겉으로 보기에도 정상인과 하나도 다를 게 없었다. 먹고 입고 하는 일상생활에서 전혀 지장을 못 느꼈다. 굳이 어려움을 찾자면, 신발 끈을 매는 데 조금 더 시간이 걸리거나 설교 뒤 축도를 할 때 한 손만 올려 보기가 조금 어색했을 뿐이다.

아버지는 소아마비 병신이었다. 왼쪽 팔이 남보다 유독 가늘었다. 정상인의 50% 정도밖에 기능을 못 했다. 그런데도 아버지는 그 손으로 벽에 못도 박고, 탁구도 치고, 무거운 짐도 들어 올렸다. 개척교회 시절, 낮에는 판자를 얼기설기 엮어 집을 짓고 밤에는 신학교에서 공부를 했다. 그러면서도 다섯 자식을 먹여 살렸다. 거친 세상을 사는 데 소아마비는 아무 장애가 되지 못했다.

오래전 큰아버지 댁에 인사하러 갔다가 "아버지가 왜 소아마비에 걸렸느냐?"고 여쭌 적이 있다. 아버지보다 일곱 살 위인 큰아버지는 "어릴 때 자다가 큰 짐에 눌려 그렇게 됐다"고 했다. 의학적으로 가능한 얘기가 아닌 것 같았지만 더 얘기를 잇기가 거북해 그 정도 선에서 그쳤다. 이유는 반세기를 같이 사신 어머니도 몰랐다. 아버지가 끝내 알려주지 않았다고 했다.

2009년 2월 초 아버지가 반 평도 채 안 되는 참나무로 만든 관에 죽은 듯이, 아니 죽은 상태로 누워 계셨다. 다른 형제가 아버지와 마지막 인사를 하며 흐느껴 울었다. 나는 눈물 한 방울 흘리지 않았다. 아버지의 암 투병 오 년을 곁에서 지켜본 나는 아버지가 '천국의 문'을 통과했을 거라는 확신을 했다. 관 뚜껑이 닫히기 전, 나는 아버지의 왼팔을 눈여겨봤다. 일제 강점기와 한국전쟁과 사일구 오일륙의 격변을 몸으로 이겨낸 인고의 세월이 거기에 고스란히 녹아 있었다.

오십 년 가깝게 아버지와 아들로 지냈지만 나는 아버지에게 한 번도 묻지 못했다. 위로도 해 줄 수 없었다. 아버지의 한쪽 팔은 우리 형제가 평생 지고 가야 할 십자가라고 생각했다. 아버지의 말 못할 짐을 벗겨 드리고 싶었다. 두 팔로 환히 자식을 맞을 영광의 날을 기다리며 말이다.

"성기야! 나 죽기 전에는 결코 그런 꿈을 꾸지 말아라."

아버지가 내게 전화를 걸었다. 어디서 벌써 소식을 들었는지 나의 북한(평양) 여행을 적극적으로 말리셨다.

"아버지가 언제 너 하는 일 말린 적 있니? 이번에는 안 된다. 무조건 아버지 말을 들어라."

나는 아무 대답을 안 했다. 십여 초의 침묵이 흘렀다.

"그럼 그렇게 알고 끊는다. 아버지 부탁이다."

2008년 9월, 나는 평양에 갈 계획을 세웠다. 내가 일하던 신문사에서 나를 평양에 보내주겠다고 했다. 한 여행업자가 뉴질랜드 시민권이 있는 한인들을 대상으로 여행객을 찾고 있었다. 나도 그 일원이 되어 평양을 단독 취재하고 싶었다. '박성기 특파원이 본 평양의 오늘' 뭐 이런 제목의 글을 쓰려고 마음먹었다. 나는 결국 평양 취재의 꿈을 접었다. 아버지의 간곡한 부탁을 거절할 수 없었다.

아버지는 반공 죄수였다. "공산당이 싫다"고 외쳤다가 평양 감옥에서 삼 년 옥살이를 했다. 1940년대 말이니까 아버지 나이 이십 대 초반이었다. 숱한 사람이 죽어 나간 한국전쟁의 공간, 한 귀퉁이에서 아버지의 청춘은 시들어갔다. 한평생 삶을 청년 정신으로 살아냈던 아버지가 그때 어떻게 싸웠는지 충분히 짐작할 수 있다.

아버지는 한국전쟁의 북새판에서 남한으로 내려왔다. 휴전선을 넘어오다가 미군에게 잡혔다. "신분증을 보여달라"는 미군 헌병의 말에 아버지는 신분증 대신 작은 신약 성경책을 내밀었다. 신분증이 있을 리 없었다. 영어로 이렇게 말했다.

"아이 엠 어 크리스천."(I am a Christian.)

아버지는 무사히 남한에 도착했다. 북녘에 살 때 평양 외곽 시골 교회의 은은한 종소리가 너무 정겨워 교회를 나갔다고 한다. 그렇게 들고 다녔던 작은 성경책이 아버지를 살려 주었다. 그 뒤 아버지는 신학을 공부해 보수 교단의 목사가 됐다.

나는 머리가 커 가면서 아버지의 투철한 반공정신을 이해할 수 없었다. '반공이 국시'라며 국민들의 정신적 숨통을 끊어놨던 박통이 한국 최고의 지도자인 줄 알았다. 그도 그럴 수밖에 없는 것이, 내가 태어났을 때부터 고등학교에 들어갈 때까지 스무 해 가깝게 우리나라 대통령은 박통 외에는 아무도 없었다. 대학생 때 사회과학책을 읽으면서 머리에 먹물이 들어갔다. 자연스럽게 아버지와 충돌이 생겼다. 아버지의 반공과 아들의 통일이 늘 대치했다. 아버지와 나 사이의 삼팔선이었다.

아버지는 큰 소리로 "데모하는 놈들은 다 빨갱이"라고 주장했다. 말싸움을 하고 싶지 않았던 나는 '민족정론지'라는 동아일보(1980년대 초 그때는 그런 평가를 받았다)를 청바지 주머니에 꿰차거나, 아버지 표현에 따르면 '빨갱이 신문'이라던 한겨레신문을 몰래 책상에 올려놓는 식으로 저항했다.

그렇게 철저히 반공정신으로 무장된 아버지가 한 해 두 해

1953년 어느 날, 신랑 박용석과 신부 한영숙이 화촉을 밝혔다.

연세가 들면서 말에 힘이 빠지기 시작했다. 내가 김대중의 통일론을, 노무현의 위대성을 얘기해도 아버지는 딱히 뭐라고 하지 않았다. "들어보니 니 주장도 일리가 있다"라며 피해 가셨다. 그런데 이상하게 나는 전혀 승리의 쾌감을 맛보지 못했다. 갈기가 다 빠진 사자의 뒷걸음질이 서럽게 느껴졌다. '아, 천하의 아버지도 그렇게 늙어가시는구나' 하는 생각이 들었다.

아버지가 병상에서 죽음의 문턱을 헤매던 날, 내게 무심히 말했다. 내가 귀담아 듣지 않더라도 고백하고 싶은 말이 있다는 것이었다.

"북한에 살 때 아버지가 좋아하는 여자가 있었다. 그 여자랑 결혼했으면 너는 이 세상에 없었을 거다. 근데 왜 내가 갑자기

이 말이 하고 싶은지 모르겠다. 엄마에게는 말하지 마라. 그래도 여잔데, 섭섭하지 않겠니."

나는 그때 아버지 눈에서 물기를 보았다. 아버지의 연인이 누구였는지는 모르지만, 사람은 누구나 말 못 할 비밀을 하나쯤은 간직하고 있다는 것을 알았다. 그런데 이제 생각해보니 '그 여자가 누구였는지 물어봤으면 과연 아버지가 알려 주었을까' 하는 생각도 든다.

세상에는 묻지도, 따지지도 말고 넘어가야 하는 일들이 있다. 그럼에도 나는 돌아가신 아버지에게 꼭 한번 묻고 싶은 게 있다. 아니, 진심으로 위로의 말을 해 주고 싶다. 아버지의 삼년 옥살이다.

"아버지, 잘 견뎌 주셔서 고맙습니다. 하늘나라에서는 부디 행복하시기를 기도합니다."

잊을 수가 없다

이름 대신 얼굴로만 기억되는 동구의 그 여자.
아직도 그 마을에 살고 있을까.
동양의 끝 땅에서 온 보잘것없던 나를 기억하고 있을까.

잊을 수가 없다, 그 여자

빈에서 기차를 탔다. 아침 여덟 시쯤 됐을까. 이른 가을 공기치곤 좀 끈적했다. 행선지는 유고슬라비아. 난생처음 발을 들여놓는 공산권 국가였다. 한국과 막 수교를 맺은 상황이었다. 나도 모르게 머리칼이 곧추섰다. 한때 국시(國是)가 '반공'이었던 분단국가의 젊은이는 그렇게 불안감을 숨기지 못한 채 유고 땅으로 향했다.

오스트리아와 유고의 국경, 여권 검사를 위해 기차가 잠시 멈췄다. 자유와 억압의 공기가 교차했다. 사람들 표정도, 들판의 바람도 엇갈렸다. 말로만 듣던 공산국가에 모험을 걸었다.

1990년 가을 어느 날, 오스트리아 빈에서 기차를 탔다.
그때 내 옆자리에 앉아 말동무가 되어 준 유고의 여인.

'사람 사는 곳 다 비슷하겠지' 하는 마음이었다.

국경을 넘어서자 조그만 간이역이 나타났다. 여행객들이 표정도 없이 타고 내렸다. 내 앞자리에 그 여자가 앉았다. 나이는 스무 살을 갓 넘어 보였다. 눈이 컸고 머리가 길었다. 밤색 외투를 걸쳤고, 손에는 두꺼운 책을 들고 있었다. 컴파트먼트(Compartment, 칸막이를 한 객실) 여섯 자리 가운데 내가 한 자리, 그 여자가 다른 한 자리를 차지했다. 차창 밖이 눈에 익숙해질 무렵, 조심스럽게 그에게 말을 건넸다.

의대 삼 학년. 시골 할머니 집에 갔다 오는 길이라고 했다. 둘 다 능숙한 영어는 아니었지만, 한두 시간 세상 얘기를 나눴다. 그의 눈은 수정처럼 반짝거렸다. 정오의 햇살이 그 여자

코에서 빛났다. 동구 여자의 매력이 내 앞에서 춤을 췄다.

그 여자가 선반 위 짐을 내렸다. 다 왔다는 뜻이다. 내게 슬그머니 물었다. 잠깐 쉬었다, 가겠냐고. 어차피 특별한 계획이 없는 여행. 배낭여행자의 특권은 어디서든 머물 수 있다는 것이다. 그날 그 어디가 바로, 유고의 한 작은 마을이었다.

그 여자는 내게 사나흘 칙사 대접을 해줬다. 시골 마을에서 누릴 수 있는 호사는 다 누린 것 같다. 동물원에 가서 사자와 코끼리를 구경하고, 민속 장터에 가서 한국에서는 구경하지도 못한 그 나라 과일을 맛보았다. 집 거실에 붙어있는 유고의 영웅, 티토를 알현했고 초대를 받고 간 이웃집에서 포도주도 들이켰다. 전통주에 취해 아리랑 노래를 부르며 객고를 달랬다.

며칠 뒤, 작별의 시간이 왔다. 기차역 대기실까지 와준 그의 눈에 눈물이 고였다. 사랑일 리는 없고, 그냥 아쉬움이었을 것이다. 아니면 보잘것없는 여행자에 대한 연민이거나. 그의 마지막 말.

"해브 어 세이프 저니. 시 유 레이터."(Have a safe journey. See you later.)

다음 해 12월, 크리스마스 휴가를 이용해 그 작은 마을을 다시 찾았다. 오로지 그 여자가 보고 싶어 떠난 여행이었다. 연락도 없이 갔건만, 마치 나를 기다렸다는 듯이 그 모습 그대로 그 자리에 있었다. 지금 생각하면 내가 그때 왜 그랬을까 하는 의문뿐이다. 그게 사랑이었을까.

스무 해가 훌쩍 넘었다. 이름 대신 얼굴로만 기억되는 동구의 그 여자. 아직도 그 마을에 살고 있을까. 동양의 끝 땅에서 온 보잘것없던 나를 기억하고 있을까. 무성영화의 한 컷처럼, 정오의 햇살을 맘껏 머금은 그 여자 사진을 살며시 내밀면 그때처럼 수줍게 웃어주려나.

아직도, 난 잊을 수가 없다. 그 여자를.

잊을 수가 없다, 그 남자

수원역에서 택시를 탔다. 행선지는 창훈대교회. 한국전쟁이 끝난 뒤 과부들과 고아들 그리고 장애인을 위해 세운 교회이다. 담임목사를 만나 인사하는 게 이번 방문의 목적이었다. 사무실로 들어가자 교회 여직원이 목양실로 안내했다.

그 안에 한 남자가 있었다. 환갑을 서너 해 앞둔 것으로 보였다. 풍채에서 범접할 수 없는 기운을 느꼈다. 육 척 거구에 휘날리는 머리칼. 백기완 선생의 기백과 장준하 선생의 올곧음이 흘러나왔다. 순간 '아, 나도 저렇게 늙어야 할 텐데…' 하는 생각이 절로 들었다.

그 남자는 내가 막 첫발을 내디딘 교계 신문사의 주필을 겸하고 있었다. 교계 정치의 핵심 인물이기도 한 그는 한국 교회와 교단(장로교)을 쥐락펴락하기도 했다. 서글서글한 인상, 좌중을 압도하는 언변, 적재적소에서 터트리는 농담. 그는 목사를 넘어 교수이자 사상가 그리고 정치가였다.

남자의 방을 설명해 볼까 한다. 크기는 서른 평, 높이는 2.5층 정도. 크게 목양실과 서재로 구성돼 있다. 목양실은 말 그대로 목회 활동에 필요한 공간이다. 서재는 도서관이라고 부르는 게 더 좋을 것 같다. 그때까지 내가 본 개인 서재 가운데 가장 컸다. 수만 권의 책에서 나오는 위용이 장난이 아니었다. 그 남자의 당당함은 독서의 힘에서 나오는 것으로 보였다. 신학 관련 책은 물론 정치 경제 사회 등 오만가지 책이 진열돼 있었다. 사서처럼 책 정리만 전문으로 하는 직원이 있을 정도다.

나는 그때 기가 팍 죽었다. 나도 내 나이 또래에 견주면 적지 않은 책을 소장하고 있었는데 그 남자의 책에 비하면 새 발의 피였다. 그러면서 든 또 하나의 생각. '두고 보세요. 나도 목사님 못지않게 많은 책을 모을 거예요' 하는 다짐이었다.

그 남자는 누구보다 활자의 소중함을 강조했다. 신문 속에 들어있던 전단지 한 장도 허투루 버리지 않았다. 그 안에 밤새워 키워 낸 '글'(지식)이 있다고 생각해서였다. 그러면서 사일구 오일륙 십이십이 같은 한국 현대사의 분수령에서 터져 나온 여러 가지 성명서를 보여주기도 했다. 보수 교단의 목사치고는 상상도 할 수 없는 일이었다. 그는 '역사는 기록을 남기는 자의 것'이라고 믿었다.

뉴질랜드에 온 뒤 자연스럽게 그 남자와 연락이 끊겼다. 나도 한 살 두 살 나이를 먹어 지천명이 됐고, 그도 한 해 두 해 세월이 흘러 여든의 연세가 됐다. 들리는 소식에 그 많던 책은 대학도서관에 기증했다고 한다.

몇 해 전, 한국 방문 때 그 남자의 집을 찾아갔다. 백두산 호랑이 같던 그가 췌장암 말기로 고생하고 있었다. 이따끔씩 내게 몇 마디를 건넸다.

"박 기자, 책 많이 갖고 있지? 꿈 포기하지 말고 꾸준히 밀고 나가. 잘 될 거야."

그러면서 자기도 병만 치유되면 강화도에 작은 집 하나 얻어 못 다 쓴 책을 다시 쓰겠다고 말했다. 그러나 그 꿈은 두 달 뒤, 천국으로 옮겨졌다. 그 남자의 이름은 한명수.

난 아직도 잊을 수가 없다. 내게 활자의 중요성과 책의 소중함을 알려준, 그 남자를.

새 책을 펴낸 뒤 포즈를 취한
한명수 목사.(2009년 창훈대교회에서)
3년 뒤 80세를 일기로 세상을 떠났다.

새 '천일야화'

"우리 엄마가 나 여덟 살 때 돌아가셔서 내가 얼마나 힘들게 살았는지 아니…" 그 부분부터 들려달라고 할까.
아니면 "따콩따콩 총소리가 비 오듯 하는데…"

고등학교 2학년 겨울 방학으로 기억한다. 직장에 다니던 둘째 누나가 일 년 할부로 사 온 세계문학 전집 가운데 이탈리아 작가 보카치오가 쓴 『데카메론』이라는 책이 있었다. 무엇보다 책 소개가 내 눈을 확 끌었다. 하도 오랜 세월이 흘러 정확히 기억나지는 않지만 '이 세상에서 가장 야한(?) 책', '끝까지 다 읽을 수 없는 무서운(?) 책' 뭐 이런 문구였던 것 같다.

나는 겁도 없이 300쪽이 훌쩍 넘는 '야'하고 '무서운' 책에 도전했다. 긴긴 겨울밤을 책벌레가 되어 지냈다. 생각보다 조금도 야하지도, 무섭지도 않았다. 대신 내게 엄청난 책 읽기의 기쁨을 안겨 주었다. 나도 모르게 거짓말쟁이(소설가)의 글 향연에 취했다.

『데카메론』은 중세 시대 유럽에 몰아친 페스트를 피해 한적한 곳에 모인 열 명의 선남선녀들이 주고받은 얘기를 기록한 형식을 취하고 있다. 하루 한 토막의 얘기를 열 명이 돌아가며 하는 식이다. 나는 그들의 질펀한 만담에 웃고 또 웃었다. 책이 정말로 재밌는 장난감이라는 것을 그때 처음 깨달았다. 내 왕성한 독서력의 태초는『데카메론』이었다.

그 뒤『폭풍의 언덕』『제인 에어』『부활』『적과 흑』등 전 세계 명작을 다 읽었다. 얼마 안 있어 자연스럽게 세계 명작을 넘어 한국 작가 작품에까지 빠져들었다. 김동인 염상섭 이광수 현진건 나도향…. 1세대 한국 문인의 작품은 1~2년 사이 거의 다 읽은 것 같다.

여든이 훌쩍 넘으신 우리 어머니는 옛날얘기를 좋아한다. 그래 봤자 귀에 닳고 닳도록 들은 육이오 때 겪은 고생담, 애 다섯 낳고 키우면서 제대로 먹지 못한 궁색한 얘기일 뿐이다. 그런데도 어머니는 토씨 하나 틀리지 않고 같은 얘기를 하고 또 하신다. 그만큼 가슴속 깊이 쌓여 있다는 뜻일 게다.

명색이 글을 쓴다는 내게 어머니의 사연 많은 지난 일은 자산이자 부담이다. 그래서 몇 해 전부터는 희로애락이 묻어있는 육성을 녹음하기 시작했다. 그것이 수필이든 소설이든 아니면 아들이 대필한 자서전이든 어떻게든 기록으로 남겨놓고

오클랜드정원교회에서 어머니의 날 때 '어머니의 마음' 노래를 부르셨다.

싶었다.

그런데 최근 들어 어머니의 얘기가 눈에 띄게 줄어들었다. 굳이 옆에서 추임새를 넣지 않아도 알아서 잘하시던 그 옛날얘기를 이제는 간절히 부탁해도 "똑같은 얘기를 뭘 또 하니" 하며 거절하시곤 한다. 뭔가 문제가 있다는 뜻이다.

몇 달 전부터 어머니 건강에 적신호가 켜졌다는 느낌이 들었다. 큰 병이 있는 것도 아니고, 어디 다친 것도 아니다. 그저 생의 의욕을 잃은 모습이 눈에 보일 뿐이다. 먹는 것도 꺼리시고, 잠을 잘 때도 힘들어하신다. 인상을 찌푸리며 "밤새 조용히 자다가 죽으면 좋을 텐데…." 하신다.

게다가 말도 자꾸 새고, 행동도 전보다 훨씬 굼뜨다. 팔십대 중반의 할머니로서는 당연히 그럴 수 있다고 하겠지만 스무해 가깝게 옆에서 지켜본 아들 처지에서는 그냥 넘어갈 문제가 아닌 것 같아 불안하기만 하다.

'어떻게 하면 좋을까?'

고민에 고민을 더했다. 그러다가 생각난 것이 바로 '데카메론 요법' 아니 '새 천일야화 요법'이었다. 어머니 얘기를 무슨 수를 쓰든 끄집어내는 것이다. 최대한 예의를 다 갖춰, 어떻게든 들어야 한다는 애타는 심정으로 어머니가 얘기를 꺼내시도록 꼬셨다.

그렇게 해서 들은 진귀한 얘기들을 잘 엮으면 최명희의 『혼불』보다, 박완서의 자전소설 『그 산이 정말 거기에 있었을까』보다 뛰어난 작품이 나올지도 모른다.

어머니가 아무리 사는 게 지치고 버거워도 한평생 책과 글만 붙잡고 사는 불쌍한 둘째 아들을 생각해 준다면 힘을 내시지 않을까. 열여덟 꽃다운 처녀로 돌아가 평안남도 중화군 중화면 청왕리 75번지 고향의 이런저런 얘기를, 스물넷 새색시로 돌아가 큰딸 성애를 낳고 가난했지만 행복했던 전쟁 후 신접살림 얘기를 해 주시리라 믿는다.

내친김에 '천일야화' 아니 '만일야화'로 들려 달라고 할까 한다. 어머니는 얘기를 잘해 하루의 생을 더 잇는 지혜로운 셰헤라자드가 되고, 나는 재밌는 얘기에 배고파하는 샤리아르 대왕이 되는 거다.

"우리 엄마가 나 여덟 살 때 돌아가셔서 내가 얼마나 힘들게 살았는지 아니…" 하는 부분부터 들려달라고 할까. 아니면 "따콩따콩 총소리가 비 오듯 하는데 빨갱이 새끼들은 총을 들이대며 밥 달라고 하지…" 이 부분부터 들려 달라고 할까.

아무튼 열 번 백 번도 더 들은 그 얘기를 평생 처음 듣는 듯, 이주일의 만담보다 더 재밌다는 표정을 하고 들어야겠다는 마음속 다짐을 해본다. 그러면 어머니의 삶이 몇 년은 더, 아니 십 년은 더 이어지지 않을까. 어설픈 글쟁이인 나는 이 생각을 하며 오지 않는 잠을 애써 청해본다.

이오덕 선생을 생각하며

*이오덕 선생은 그런 제게 종종 이렇게 말했습니다.
'그렇게 쓰지 마세요. 우리말을 살려 주세요.' 하고
호소합니다.*

'환한 미소', '환한 웃음'.

어떤 게 더 마음에 와닿나요? 저는 '환한 웃음'이 훨씬 좋습니다. '웃음'이라는 단어를 말하는 순간, 정말로 입을 크게 벌려 웃고 싶은 마음이 듭니다. 미심쩍으면 여러분들도 한 번 따라 해 보세요. 반면에 '미소'는 얼굴에 칼을 댄(양악 수술 같은 것) 여자를 보듯 자연스럽게 와 닿지 않습니다. 억지로 웃음을 짜내야 할 것 같은 기분입니다.

'초추의 양광', '이른 가을의 따듯한 햇볕'.

앞에 있는 것은 제가 오래전 읽은 소설에 나오는 작은 제목입니다. 제가 뒤와 같은 말로 바꿔 봤습니다. 어떤 게 편하게 느껴지나요. 백 사람이면 백 사람 다 뒤 표현이 더 좋다고 할 겁니다.

제가 이오덕 선생을 알게 된 것은 1980년대 끝 무렵으로 기억됩니다. '도대체 이 사람이 누구야?' 하는 분이 있을지도 몰라 간단히 소개해 드리겠습니다.

43년간 초등학교 교사와 교감 · 교장을 지냈으나 전두환 군사정권의 교육행정에 대한 반감으로 스스로 퇴직하였다. 1971년 〈동아일보〉 신춘문예에 동화가, 〈한국일보〉에 수필이 당선되면서 등단했다. 1983년 교사들을 모아 한국글쓰기교육연구회를 만들었고, 퇴임 후에는 우리말연구소를 만들어 글쓰기 교육운동과 우리말 연구에 힘썼다. 우리말에 사용되던 번역 말투와 일본 말투의 잔재를 지적하고, 이를 바로잡기 위해 『우리 문장 쓰기』와 『우리글 바로 쓰기』를 집필했다.

어린이들이 쓰는 말과 글 자체를 뛰어난 문학작품이라 여겨 『우리도 크면 농부가 되겠지』, 『일하는 아이들』 등 제자들의 문집을 출판했다. 그밖에 『시정신과 유희정신』, 『글쓰기 어떻게 가르칠까』 등 50권이 넘는 저서를 남겼다. 한국아동문학상, 단재상, 전국교직원노동조합 참교육상, 은관문화훈장을 받았다. —〈다음 백과〉에서

서울올림픽이 열린 1988년 5월, 〈한겨레신문〉이 창간되었

습니다. 국내 신문 역사상 처음으로 가로 판, 순 한글을 선보였습니다. '가로 판'도 놀라운 일인데 거기다 '순 한글'로만 편집이 되어 있어, 신문 시장에 엄청난 충격을 주었습니다. 평범한 독자였던 저 역시 그렇게 느꼈고요.

그로부터 사반세기가 지난 오늘 한국에서 나오는 신문이나 잡지 가운데 가로 판에 한문 한글을 섞어 쓰는 매체는 거의 없습니다. 조선일보만 한문의 중요성을 강조해 한문을 함께 쓸 뿐입니다. 한겨레신문이 시대를 앞서간 점도 있지만, 앞날의 독자들은 결국 한문보다는 한글에 훨씬 더 많이 노출될 것이라는 전망이 맞아떨어진 것입니다.

그런데 문제는 우리가 쓰는 말과 글이 우리말 우리글이라고 하기가 힘들다는 것입니다. 한문을 한글로 바꿨을 뿐입니다. 일본식 표현에다 영어식 표현까지 더해져 정작 순수 우리말 우리글을 찾기가 힘듭니다.

'승리했다', '패배했다', '하계 올림픽', '동계 올림픽'.

이 단어를 '이겼다', '졌다', '여름 올림픽', '겨울 올림픽' 이렇게 바꿔 쓰면 안 될까요? 이런 보기(예)는 많은 시간을 들이지 않고도 수십 개, 수백 개를 찾을 수 있습니다. 제가 까다로워서가 아니라 글을 쓰는 사람이라면 누구나 집어낼 수 있습니다.

제가 아는 분이 한국의 예능 방송을 한 시간 정도 주의 깊게 본 적이 있다고 했습니다. 그 한 시간 동안 외국어(영어)가 백

번 넘게 나왔다고 합니다. 예능 프로뿐만이 아닙니다. 한국말을 골라 써야 할 뉴스 시간에도 버젓이 영어가 나옵니다. 한국말을 가볍게 보는 방송국의 책임이겠지만 그에 못지않게 우리가 그만큼 영어를 일상에서 많이 쓴다는 뜻이기도 합니다.

저는 오래전 문학 공부를 할 때 우리말, 우리글을 잘 쓰겠다는 생각을 하고 박경리가 쓴 『토지』에 나오는 우리말을 정리한 적이 있습니다. 『토지』가 제 글쓰기 교과서였습니다. 아름다운 우리말이 정말 많았습니다. 대학 노트 한 권에 그 단어를 다 옮겼습니다. 그다음에는 시인이자 소설가인 정동주의 대하소설 『백정』을 정리했습니다. 또 대학 노트 한 권이 채워졌습니다. 자랑을 하자는 게 아니라 나름대로 우리말을 잘 살려 보려고 애를 썼다는 뜻입니다.

그로부터 서른 해가 거의 다 되어 갑니다. 그 많은 것이 제 글 몸 곳곳에 숨어 있기는 하겠지만 저 역시 영어와 중국어, 일본식 표현에 중독이 되어 있음을 고백합니다. 알면서도 정작 글을 쓸 때는 잘 안 됩니다. 그래서 '다들 그렇게 쓰는 데 뭐' 하며 위안을 합니다. 명색이 글을 쓴다는 사람으로서는 해서는 안 될 짓입니다.

이오덕 선생은 그런 제게 종종 이렇게 말했습니다. '그렇게 쓰지 마세요. 우리말을 살려 주세요' 하고 호소합니다. 제 빈약한 서재에는 그의 책, 『우리글 바로 쓰기』(모두 2권)가 꽂혀 있습니다. 저는 틈틈이 그 책을 꺼내 읽습니다. 그럴 때마다 이오덕 선생의 우리말 우리글 사랑에 고개가 숙여집니다. 한평생 우리말 우리글 전도사로 활동하시다가 그 고단한 삶을 내려놓고 이제는 저세상 사람이 되었지만 저는 그런 분이 한 사람이라도 있었기에 우리글이 조금 더 빛이 날 수 있었다고 믿습니다.

저를 포함해 우리가 중국식 표현, 일본식 표현을 자주 쓰는 까닭은 '식자연'(識者然, 이 표현도 이오덕 선생이 안 좋아하실 겁니다)하고 싶은 마음 때문입니다. 한문을 쓰면 좀 배운 사람 티가 나는가 봅니다. 아주 잘못되었다고 할 수는 없지만, 굳이 우리말 우리글이 있는데 그러지 않았으면 좋겠습니다. 일본식 표현은 일제의 지배 때문에 그렇다고 봅니다. 나도 모르게 부모로부터 물려받은(?) 게 자연스럽게 드러나는 겁니다. 저는 우리 세대에서 끝났으면 좋겠는데, 그게 생각만큼 쉬워 보이지는 않습니다.

더 큰 문제는 영어입니다. '국제 언어'라는 그럴싸한 이유를 들어 방송과 신문 잡지 같은 모든 매체가 온통 영어 일색입니다. 저는 영어를 조금 하는 사람이라 웬만한 것은 거의 다 알아듣지만, 순간 이런 생각이 듭니다. '영어를 못 알아듣는 사람들은 도대체 어떻게 이해하란 말이냐?'

한국의 아파트는 거의 '저택' 혹은 '성'(城)이며 귀족들만이 사는 곳인 것 같습니다. '맨션'(mansion), '캐슬'(castle)에 '로열'(royal)이란 단어가 한 번의 고민도 없이 쓰입니다. 영어권

국가에서 온 사람들이 보면 단어 뜻의 폄훼에 놀랄 것입니다. 우스갯소리로 공부 많이 한 며느리들이 시어머니가 못 찾아오게 그렇게 만들었다고 하는데, 그냥 웃고 넘길 일이 아니어서 마음이 좋지 않습니다.

기독교 계통의 신문기자로 사회생활을 시작한 지 얼마 안 돼 미국(LA) 출장을 간 적이 있습니다. 거기서 저보다 열 살 정도 더 나이가 든 한인을 만났습니다. 5년 넘게 미국에서 사신 그분의 영어 실력(?)이 놀라웠습니다. 전 그때 알았습니다. '컴퓨터'는 없고, '컴~퓨러'만 있다는 사실을요. 그분이 할 수 있는 영어는 딱 거기까지였습니다. 기초적인 생활 영어도 못 하는 것 같았는데 유독 '컴~퓨러'에서 만큼은 본토 미국 사람처럼 자신이 있어 보였습니다.

저는 이 글을 쓰면서 '될 수 있으면'('가급적'이 아닙니다) 하늘에 계신 이오덕 선생에게 꾸중을 듣지 않으려고 했습니다. 하지만 회초리를 맞아도 열 대는 넘게 맞아야 할 만큼 허물이 눈에 보입니다. 그만큼 제 글이 오염되어 있다는 뜻일 겁니다. 여러분도 제 글을 자세히 읽으면 우리말로 고칠 수 있는 중국말이 많다는 것을 알아챌 수 있습니다. 보기로('예를 들면'이 아닙니다) '노출'은 '드러내'로, '국가'는 '나라'로, '폄훼'는 '헐뜯음'으로 고칠 수 있습니다. 여러분들을 시험해 보려고 한 것이 아니라 저도 모르게 그렇게 나온 것입니다.

이오덕 선생님이 펴낸 책 중 내가 제일 좋아하는 책 세 권.
내 글쓰기 선생님이시기도 하다.

여러분들은 이 글을 읽기가 좀 거북할 겁니다. '어떻게 완벽한 글을 쓸 수 있어요?' 하는 저항을 충분히 할 수 있습니다. 제가 유별나서가 아니라, 한때 우리말 우리글을 살리려고 애를 쓴 분이 있었다는 것을 알려 드리려고 한 것뿐입니다. 지금처럼 계속 쓰시되, 쓴 글들을 소리를 내 한 번만 더 읽다 보면 훨씬 더 아름다운 우리말로 바꿀 수 있는 말들이 많다는 걸 알게 되시리라 믿습니다.

이제 글을 마치려고 합니다. 좋은 글, 멋진 글은 화려한 수사에서 온다고 생각하지 않습니다. '식자연'하는 글자세도 물론 아니고요. 저는 중학교 2학년 학생이 쉽게 읽을 수 있는 글이 제일 좋다고 생각합니다. 물론 논문이나 전공 책은 따로고요. 특히 글을 전문으로 쓰는 작가나 교사 같은 사람은 많은 신경을 써야 합니다. 그분들이 결국 '문화의 꽃'이라고 하는 인쇄물을 만드는 사람들이니까요.

어쩌면 거북할 수 있는, 조금은 글을 쓰는 데 겁을 먹게 하는 이런 글을 써서 미안합니다. 하지만 분명히 말씀드려 이 글은 저를 향한 글입니다. '앞으로도 열심히 우리글 우리말을 골라 써야지' 하는 다짐입니다.

부족한 글을 읽어 주셔서 '고맙습니다.'('감사합니다'가 아닙니다.)

발톱을 깎다가

나는 이런 재능을 가진 사람을 공개 모집해 보고 싶다.
이 세상에서 가장 귀지를 잘 파는 사람, 이 세상에서 가장
발톱을 잘 깎는 사람.

내 발톱은 손톱보다 훨씬 더디 자란다. 손톱은 눈에 잘 보이지만 발톱은 발을 바짝 당기지 않으면 보기가 쉽지 않다. 손톱을 다섯 번 정도 다듬을 때 발톱은 한 번 정도 깎는다. 귀찮기도 하고 잘 안 보이기도 해서 무시하곤 한다.

1984년 11월 논산훈련소에서 신병 교육을 받을 때 조교가 물었다.

"발톱을 자주 잘라야 하는 이유가 뭔가?"

다들 머뭇거리고 있는데 한 훈련병이 손을 번쩍 들어 자신있게 답했다.

"양말 빵구를 막기 위해서입니다."

조교는 흡족한 웃음을 지었다. 그 조교는 "너희 부모들이 힘들게 벌어 낸 세금으로 사 준 양말이다. 국가와 부모를 생각해 아껴 신도록…. 블라블라…."

나는 그때 처음 알았다. 발톱을 깎는 이유는 발가락이 불편해서가 아니라 양말이 해지는 것을 막기 위해서라는 것을.

오래전 간호사 재능기부단과 함께 서해 외딴 섬을 사흘 정도 다녀온 적이 있다. 그들은 봉사가 목적, 나는 취재가 목적이었다. 목포에서 배를 타고 몇 시간 들어가 주민들을 만났다. 대부분 환갑이 훌쩍 넘은 어르신들이었다. 너 나 할 것 없이 한두 가지 병은 앓고 있었다. 의료 혜택과는 거리가 먼 곳에 살아서 그랬을 거다. 그 가운데 한 할머니가 사람들이 말하는 게 잘 들리지 않는다고 하소연했다.

한 간호사가 할머니 귀를 유심히 들여다봤다.

"할머니 좀 누워 보세요. 제가 고쳐 드릴게요."

할머니는 간호사의 무릎을 베고 누웠다.

이삼 분쯤 지났을까. 할머니 귀에서 염소똥만한 귀지 한 개가 튀어 나왔다.

"할머니! 이제 시원하시죠? 귀지 때문에 그런 거예요."

할머니는 머쓱했는지 아무 말 없이 떠났다. 나는 그때 알았다. 이 세상에는 그렇게 큰 귀지도 있을 수 있다는 것을.

1990년 11월 즈음, 나는 아프리카 케냐에 있었다. 세계에서 가장 용맹한 부족이라는 마사이 부족 마을에 들어갔다. 거기서 선교 봉사단 일행을 만났다. 의료진도 활동하고 있었다. 나는 그곳에서 보름간 그들과 생사고락을 함께했다. 교회당도 하나 짓고, 부족 어린이를 찾아다니며 선교 활동도 했다.

지금도 기억나는 것 가운데 하나.

마사이 어린이가 머리에 십자가 모양의 소똥을 이고 있었다. 지금은 어떤지 잘 모르지만, 그때만 해도 마사이 부족은 소똥으로 모든 걸 해결했다. 풀잎에 이겨 집을 짓고, 말린 뒤 불을 피워 밥을 하고, 정성껏 빚어 생약으로 쓰기도 했다.

간호사는 웃지도 않고 천연덕스럽게 말했다.

"소똥 십자가가 너를 낫게 해줄 거야."

그는 그러면서 과자에다 알약 두세 개를 얹어줬다. 아이는 큰 눈을 껌벅거리며 웃었다. 약보다 과자가 더 맛있게 보였겠지만, 약을 받지 않으면 과자도 받을 수 없다는 것을 잘 알기에 웃으며 손을 내민 것이다.

'개똥도 약에 쓰려면 없다'는 말이 있는데, 나는 아프리카에서 분명히 알았다. 소똥은 분명히 약이 된다는 것을.

며칠 전, 어머니 집을 찾았다. 이런저런 얘기 끝에 발톱 얘기가 나왔다. 발톱을 깎을 때마다 고생하신다는 것이었다. 곁눈으로 어머니 발톱을 훔쳐봤다. 정말로 이상하게 생겼다. 모난 갈퀴 창처럼 느껴졌다. 어머니 발톱은 살 속으로 파고 들어간다. 좀 유식하게 말하면 내성 발톱. 발톱 자르는 때를 놓치면 엄청나게 고생한다고 한다. 나는 반세기 넘게 어머니 주위에 있었지만, 어머니에게 그런 '사소한' 고통이 있는 줄은 몰랐다.

어머니가 말했다.

"성기야. 너는 이런 고통 모를 거다."

나는 정말 그런 고통을 모른다. 내 발톱은 선비 손가락처럼, 피아노 건반처럼 우아하게 생겼기 때문이다. 그런데 조금은 미안했다. 어머니의 사소한 고통도 모르면서 무슨 효자 티를 내며 사느냐고 자문했다. 어머니 발톱을 내가 과연 잘라 드릴 수 있을까, 하는 생각을 해봤다. 답은 '불가'. 그래서 든 생각. 어머니가 좀 더 힘들어지면 내성 발톱 전문가를 초빙해야겠다. 좀 그로테스크한 꿈이다.

어린 시절 큰 누나가 내 귀지를 파준 기억이 난다. 나랑 여덟 살 차이가 나는 누이는 그런 '사소하지만 귀중한' 일을 잘한다. 한마디 잔소리도 없이 하는 걸 보면 그걸 즐기는 것 같기도 했다. 그 작은 굴에서 기암괴석같이 생긴 게 쏙쏙 나온다는 게 신기하게 느껴져서일 거다.

누이는 종종 비릿한 생 땅콩을 한가득 사서 불에 볶는다. 그걸 또 정성을 다해 껍질을 벗긴다. 한두 시간도 안 돼 멋진 상품으로 나온다. 술집에 내놓으면 과일 안주 못잖은 훌륭한 주전부리가 될 수 있을 정도로 색깔도 곱고 맛도 훌륭하다. 누이가 그걸 즐기지 않는다면, 그 귀찮은 일을 그렇게 정성껏 할 리가 없다.

누이는 이렇게 말한다.

"하루에 열 개 이상 먹으면 건강에 좋대. 소화도 잘되고."

솔직히 말해 나는 백 개를 넘게 먹는다. 소화가 너무 잘 돼 방귀가 푹푹 나온다. 누이의 사랑이 깊다는 것을 나이가 들어가면서 더 느낀다. 설령 제 자식 입에 밥 들어가는 모습을 제대로 보기 힘들어, 쉰 넘은 동생에게서 대리 만족을 얻는다고 할지라도 나는 그게 한없이 즐겁다. 누이가 볶아낸 땅콩은 대한항공 회장 따님을 세상에 널리 알려준 마카다미아 맛보다 훨씬 더 훌륭하다. 이유는 먹어보지 않으면 모른다. 나는 지금 막 새 속담을 만들어 냈다. '잘 볶은 땅콩은 열 반찬 부럽지 않다.'

이 글은 아주 사소한 글이다. 그러면서도 아주 뜻깊은 글이다. 오늘 온종일 이 글을 생각했다. 꼭 대단한 일이 아니어도 사람을 기분 좋게 할 수 있다. 발톱을 잘 다듬어 가지런하거나, 귀지를 다 떨어내 말이 잘 들리거나, 땅콩 몇십 개를 먹어 방귀가 붕붕 나올 정도로 소화가 잘되거나, 이런 사소한 일들이 사람 사는 데 참 행복이 아닐까.

때가 되면 나는 돈을 들여서 이런 재능을 가진 사람을 공개 모집해 보고 싶다. 이 세상에서 가장 귀지를 잘 파는 사람, 이 세상에서 가장 발톱을 잘 깎는 사람, 이 세상에서 가장 땅콩을 잘 볶는 사람.

오늘 발톱을 깎다가, 땅콩을 먹다가 든 생각이다. 사소하지만 뜻깊은. 여러분들도 진중하게 생각해 보시길 바란다.

나의, 사랑하는 집

내 빛 바랜 빨간색 빤스와
해진 애들 축구 운동복 사이로 천금 같은 햇빛이 들어 온다.
사 년 내내 밖에서 옷을 말린 적이 없다.

홍합을 잘게 잘라 넣은 미역국과 칼리지 마지막 학년인 Year 13 회계책, 수학책이 한 식탁에 놓여 있다. 완벽한 '부조화'다. 나는 늦은 아침을 먹고, 막내는 이른 시험공부를 한다. 거리는 반 미터도 안 된다. 놈의 거뭇한 수염이 보인다. 내가 씩 웃자 아들이 묻는다. 왜 웃느냐고.

"대견해서."

우리 집은 한국으로 따지면 스물네 평 정도 된다. 방 셋, 화장실 하나, 거실 하나가 다다. 다 큰 아들 셋과 이제는 좀 체격이 줄어드는 부부 이렇게 다섯이 산다. 눈치를 챘겠지만, 식구 구성으로는 방 하나가 모자라다. 제일 큰 방을 둘째와 막내가 함께 쓴다. 사 년째 그런 생활을 하고 있다. 큰아들은 '집 안의 기둥'답게 독방을 차지한다. 그렇다고 우아한 독방을 생각하면 오산이다. 그냥 옛날 시골에서 볼 수 있었던 허름한 '광'이라고 생각하면 딱 맞다. 오십 년 동안 한 번도 고친 흔적이 없는 헤리티지(heritage)광.

화장실은 늘 바쁘다. 누군가 크고 작은 볼일을 보거나, 샤워를 하거나, 이를 닦거나, 렌즈를 갈아 끼거나, 여드름을 짜거나, 무스를 바르거나 한다. 신체 구조상 '앉아 쏴'를 할 수밖에 없는 아내는 네 남자의 '서서 쏴'의 흔적 때문에 오랫동안 칠색 팔색을 했지만, 이제는 거의 포기 상태다. 그래도 중요한 건 누구 하나 바지에 산똥을 싸지 않았다는 점이다. 그저 오줌만 찔끔 몇 번 지리거나, 목소리 톤을 높여 오페라 연습만 했을 뿐이다. 이 어찌 '완벽한 평화'라 하지 않을 수 있을까.

"다 같이 돌자 동네 한 바퀴.^^ 바둑이도 같이 돌자 동네 한 바퀴.^^"

어렸을 때 즐겨 부르던 이 돌림노래의 향연이 우리 집에서는 날마다 열린다. 저마다 필요에 따라 방 셋을 돌아가며 쉬거나 잔다. 내가 큰아들놈의 광에서 누워 책을 읽고 있으면, 그놈은 제 엄마 침대 옆에서 아이패드로 미국 경제의 오늘을 살펴본다. 대학 마지막 학년인 둘째 놈이 시험 준비로 형 '광'을 차지하면 형은 며칠을 동생 침대에서 지내야 한다.

방뿐만이 아니다. 식탁도 마찬가지다. 우리 집 식탁은 밥을 먹거나 차를 마시는 평범한 공간이 결코 못 된다. 거기서 아들놈들이 번갈아 가며 공부를 하거나, 아내가 소리를 덜덜 내면서 재봉틀을 돌린다. 그런데도 누구 하나 불평이 없다. 이유는 마땅히 갈 데가 없어서다.

거실 풍경.

제일 면적을 많이 차지하고 있는 게 김치냉장고다. 얼마 전 아내가 한국에서 기천 달러를 들여 수입해온 신품이다. 우리 집 동산(당연히 갖고 있는 부동산은 없다) 가운데 가장 값어치가 높다. 그 앞으로 식탁 하나, 알루미늄 빨래 건조대 두 개가 추상적으로 놓여 있다. 내 빛 바랜 빨간색 빤스와 해진 애들 축구 운동복 사이로 천금 같은 햇빛이 들어 온다. 사 년 내내 밖에서 옷을 말린 적이 없다. 애들의 열띤 목소리와 헤어드라이어의 훈기, 컴퓨터 자판의 불타는 소리에 수분은 밤에도 쉬지 않고 증발한다.

그래도 문화인답게 우아하게 화분 하나 정도는 있다. 맨 위 색깔과 중간 색깔이 좀 달라서 그렇지 지금까지 죽지 않고 잘 버티고 있다. 벽 한쪽에는 책꽂이 두 개가 있고 그 안에는 내가 애지중지 하는 책과 디브이디(DVD) 그리고 이제는 고물상에나 가야 만날 수 있는 비디오테이프가 가지런히 꽂혀 있다. 다 내 고상한 취미를 위한 소품들일 뿐 아내와 아이들은 전혀 관심을 두지 않는다.

이 작은 집에서 우리 식구는 사 년을 버텼다. 아들놈들이 다니는 대학과 칼리지까지는 승용차로 10~15분 거리, 그게 이 집의 최대 강점이다. 큰놈이 대학을 마쳤고, 둘째 놈은 졸업을 앞두고 있다. 막내 놈도 칼리지 마지막 학년을 다닌다. 사람들은 내게 묻는다. "어떻게 이런 (후진) 집에서 살 수 있느냐"고.

집도, 방도, 살림도 볼품없는 것을 안타까워한다.

나는 답한다.

"생각보다 불편하지 않아요. 몸에 착착 달라붙으면요."

억지로 만든 자랑.

우리 집 한 주 집세는 400달러다. 오클랜드에서 방 세 개짜리 집을 그 돈으로 구하기는 하늘의 별 따기다. 그것도 시내 바로 옆에 있는, 겉모습만 봐서는 지중해에 있는 별장 같은 집을 말이다. 나의 무능력을 변명하기 위해 억지로라도 자랑거리를 늘어 놓는다. 진짜 '억지'다.

애들이 과외를 받거나 학원에 다니지 않고도 제구실을 다 해줬다. 큰 장학금은 못 탔지만(작은 장학금은 받았다) 한 과목의 실패도 없이 대학을 졸업했거나 졸업을 앞두고 있다. 애들 셋이 운동 신경이 남달라 학교 교지에 기사가 날 정도로 이름을 날렸고, 기특하게도 아빠의 능력을 일찌감치 파악해 특별한 독립심을 가졌다. 다 내 복이다.

천식이 있는 것도 아니고 아토피 피부도 아니다. 음식을 가려 먹지도 않고, 담배를 피우거나 술을 대차게 마시지도 않는

'서재에서 딴짓을 허하라.' 나의 놀이터, 박성기도서관.
여기에서 나는 책도 읽고, 글도 쓰고, 음악도 듣고, 영화도 본다.(2020년 11월 현재)

다(조금은 마신다). 다들 일찌감치 제 앞가림을 해서 칼리지 학생 때부터 용돈 정도는 제 손으로 벌고, 가끔은 그 돈을 쪼개 아빠 차에 기름을 채워주는 센스를 보여주기도 했다.

프랑스의 철학자 사르트르가 그랬다던가. "아빠가 자식들에게 줄 선물은 일찍 죽어주는 것"이라고. 그래야 자식들이 독립심이 생긴다고 했다. 다행히 우리 집 아들놈들은 내가 일찍 죽어주지 않았는데도 다들 제 몫은 하고 산다. 이상이 내가 억지로 짜낸 우리 집(아들) 자랑이다.

1970년대 초반 내 어린 시절, 우리 집은 방이 달랑 하나였다. 일곱 식구가 옹기종기, 아니 꾸역꾸역 제 공간을 차지하고 살았다. 장롱도 없었고, 화장실도 없었고, 부엌도 없었다. 대신 부모의 사랑이 있었고, 형제의 배려가 있었고, 성경 말씀이 있었다. 있으면 조금 편한 것은 다 없었고, 없으면 많이 불편한 것은 다 있었다. 그 옛날 아주 작고 작은 우리 집은 그랬다.

언제부터인가 한 사람이 차지하는 공간이 넓어졌다. 일곱 사람이 네다섯 평을 쓰던 게 이제는 한 사람이 다섯 평, 열 평을 써도 불만이 많다. 냉장고가 생겨 이웃들에게 남은 음식을 나눠주지 않게 되었고, 세탁기가 생겨 얼룩 하나 없는 셔츠를 빨고 또 빤다. 19인치 흑백텔레비전을 온 동네 사람들이 다 함께 보던 사람 사는 마을에서, 64인치가 넘는 컬러 스마트 텔레비전을 혼자 보면서도 화질에 만족하지 못하는 기계 중심의 사회가 됐다. 슬픈 일이다.

나의, 사랑하는 집과 이별할 날도 이제 멀지 않았다. 몇 달 뒤면 둘째 놈은 캐나다로 떠나고, 막내놈은 남섬 오타고(Otago)로 갈 게 분명하다. 그렇다면 그때는 번듯한 직장에 다니고 있을 게 확실한 큰아들놈과 부부만 남는다. 다섯도 아닌 셋이서 스물네 평 '고대광실'에서 산다는 게 죄임이 분명하다. 그래서 목하 고민 중이다. 시내 자그만 아파트로 이사를 할지, 아니면 오클랜드 교외 하늘과 땅이 내 집인 넓은 자연으로 옮길지를 말이다.

내 어린 시절은 남 보기에는 궁색했을지 모르지만 지금 생각하면 그 나름대로 행복했다. 어쩌면 우리 아들놈들도 오클랜드 마운트 이든 도미니언 로드 435번지 플랫 B(435B Dominion Rd., Mt. Eden, Auckland)에서 옹기종기 모여 산 그 어느 한때를 아주 슬프지만 않게 추억(기억이 아니다)해 준다면 그저 기쁘겠다.

토머스 아저씨의 위대한 질문

그는 이렇게 말한다.
"있는 사람이 베풀어야 합니다.
그래야 세상이 아름다워집니다."

"이건 어떻게 생각하우?"

차에 타자마자 그는 급하게 묻는다. 몇 초 안으로 답을 듣겠다는 의지가 눈 속에 어려 있다. 나는 숨돌릴 새도 없이 내 생각을 밝혀야 한다. 그것이 한국 정치나 경제의 문제든, 사람의 원초적인 욕구와 관련된 문제든, 그보다 조금 쉽게 답할 수 있는 한인 사회의 자잘한 문제든 나는 어떻게든 입을 열어 그의 뇌를 자극해야 한다.

그는 끊임없이 내게 묻는다. 반 시간 정도 걸리는 노선이라면 적어도 대여섯 개의 답은 내 머릿속에 있어야 그를 만족하게 할 수 있다. 내 입으로 말하기는 좀 거시기하지만, 나 정도의 박학다식과 어떤 문제든 자기 의견을 피력할 수 있는 전방위 사고를 지니고 있지 않는 한 그가 종횡무진으로 내뱉는 질문을 당해낼 수 없다.

그는 끊임없이 질문하는 사람이다. '질(質)'이라는 한자에는 '조개 패(貝)'가 들어 있다. 지금의 돈과 같은 가치가 있었던 '조개'를 얻으려면 '문(問)'을 통과해야 한다는 뜻이다. 그런 점에서 그는 누구보다 큰 부자임이 분명하다.

내가 그를 처음 만난 건 사 년 전이다. 생활고에 시달려 애지중지 갖고 있었던 책 몇십 권을 교민 벼룩시장에 내놨을 때 첫 번째로 눈독을 들인 사람이 바로 그였다. 비록 헌책이기는 했지만, 책의 가치가 높아 몇백 달러를 받을 수 있었다. 내게는 자식 같은 책 묶음을 떠나보낼 때 나는 이상하게 마음이 흔들리지 않았다. 그는 나보다 더 책을 좋아하는 사람일 거라는 기분 좋은 느낌이 들었다.

그 뒤 그와 나의 책으로 연결된 우정이 이어졌다. 보름에 한 번은 만나 같이 밥을 먹고 커피를 마신다. 그는 나에게 무엇을 못 해 주어서 미안해 하고, 나는 그에게 너무 많은 것을 받아 미안해 한다. 띠동갑에 가까운 나이 차이는 장벽이 되지 못했다. 그만큼 편한 사이라는 뜻이다.

그는 스무 해 전 은퇴한 국책은행 간부 출신이다. 한국에서 내로라하는 직장을 과감히 그만두고 뉴질랜드에 이민을 온 까닭은 '자유롭게 살고 싶어서'였다. 자유, 그는 말도 자유롭게 하고 생각도 자유롭게 한다. 거칠 게 없다. 거기다 경제적인 문제로부터 자유롭다.

나는 그에게서 인생의 교훈 두 가지를 배웠다. 하나는 정면 승부, 또 하나는 돈을 정의(定義)하는 방식이다. 내게는 치명적인 약점들이다. 그가 내게 어떤 목적을 가지고 가르친 것은 아니다. 그냥 내가 자연스럽게 배운 것들이다.

정면 승부.

언제부터인가 내 삶이 초라하게 느껴졌다. 꿈을 이룰 수 없을 것 같은 불안 때문이다. 그러다 보니 나도 모르게 모든 일에 의욕이 없다. 될 수 있으면 피해 가려고 한다. 그저 최소한의 사람 예의만 갖춰 생을 버틸 뿐이다.

그는 늘 정면 승부를 강조한다. 그게 뜻을 이루거나, 목적지를 가는 가장 빠르고 쉬운 방법이자 길이라고 힘을 주어 말한다. 나는 맞는 말인지 잘 알면서도 그때가 오면 이상하게 뒷걸음을 치게 된다. 내 성격 탓일 수도 있겠지만, 나이가 들면서 자신감이 떨어진 것도 한몫을 했을 것이다.

돈에 관한 정의.

그는 이렇게 말한다.

"옛날에는 윤리적인 문제가 죄였다면, 지금은 돈 문제를 제대로 처리하지 않는 게 죄다."

내게는 비수 같은 말이다. 이런저런 구차한 핑계를 대고 싶지는 않다. 그냥 돈 문제를 생각하면 마음이 많이 불편하다. 고치려고 하는데도 뜻만큼 따라와 주지 않는다. 그저 최선을 다해 죄를 짓지 않으려고 노력할 뿐이다.

그는 돈 거래가 분명하다. 아내와 자식에게도 그렇다. 주는 것과 빌려주는 것을 정확히 한다. 어떻게 보면 매정해 보일 수 있다. 하지만 그는 단호하다. 돈 교육이 이 세상에서 그 어느 것 못지않게 중요하다고 강조한다. 그는 결코 수전노거나 탐욕가가 아니다. 돈 문제만큼은 뚜렷한 가치관을 갖고 사는 것이다.

그에게서 배울 점은 여러 가지다. 그중 내 마음에 쏙 와닿는 것은 조건 없이 베푸는 일이다. 그의 지갑은 늘 현찰로 가득하다. 그는 나뿐만 아니라 누구를 만나든 먼저 지갑을 연다. 꼭 돈이 여유가 있어서가 아니다. 마음의 여유가 지갑에 들어 있어서다.

그는 이렇게 말한다.

"있는 사람이 베풀어야 합니다. 그래야 세상이 아름다워집니다."

그는 돈이 아주 많은 사람이 아닌데도, 늘 남을 위해 지갑을 연다. 지갑뿐만이 아니다. 시간도, 쓸 만한 집 물건도 아낌없이 내준다. 나이가 들수록 삶을 최소화해야 한다는 게 그의 지론이다.

그는 한국에 갈 때마다 천 원짜리를 한 다발 준비한다. 언제 만날지 모를 걸인을 위한 것이다. 어쩌면 귀찮을 수도 있는 그 일을 기쁨 마음으로 하는 이유는 자식에게 본을 보여주기 위해서다. 가진 사람이 사재를 조금 내놔 세상을 웃게 하자는 게 그의 소박하지만 숭고한 마음이다.

한 사람을 치켜세우기 위해 이 글을 쓰는 것은 아니다. 나는 그동안의 직업상(교계 기자, 교민 신문 기자) 숱한 사람을 취재했고, 위대한 설교를 많이 들었다. 하지만 실제 삶에서 본이 되는 사람은 거의 만나지 못했다. 신앙과 삶이 일치하지 않는 사람을 숱하게 보아왔고, 말은 거창하게 하지만 현실에서는 뒤꽁무니를 빼는 사람을 자주 겪었다. 그러다 보니 이 세상에 믿을 사람이 별로 없어 보였다.

한 사람의 삶을 내 식으로 재단하는 것은 남들 보기에 거슬릴 수 있다. 내 눈에 좋게 보이는 것이 다른 사람에게는 아닐 수 있다. 그런데도 그의 얘기를 꼭 한 번 쓰고 싶었던 이유가 있다. 어쩌면 내 인생에서 그런 사람을 다시는 못 만날 것 같은 불안감 때문이다. 아니, 나도 그런 삶(베풀고 또 자유롭게 사는)을 추구하고 있어서 인지도 모른다.

그는 늘 새벽 두 시면 일어난다. 서재에 앉아 책과 고독한 싸움을 한두 시간 펼친다. 자기에게 묻고 또 묻는다. 그리고 다시 잠자리에 든다. 그가 그동안 나에게 산 책은 수백 권이고, 내게 준 책은 1천여 권에 가깝다. 나는 돈을 받고 팔고, 그는 아무 조건 없이 준다. 그중 내가 읽어야 할 책 몇십 권을 따로 빼놓고 나도 다른 이에게 넘긴다. 훗날 그 보물들은 귀한 자료로 쓰일 것을 믿어 의심치 않는다.

며칠 전 그는 나에게 물었다.

"이건 어떻게 생각하우? 사람의 생각은 머리에서 나온 건가요? 아니면 가슴에서 나온 건가요?"

동서고금을 아우르는 그의 질문에 산전수전을 다 겪은 나도 그 문제만큼은 즉답을 못 했다. 그의 '위대한 질문'에 답을 하기 위해서 나는 또 빈약한 뇌의 용량을 늘려야만 한다.

참, 그의 이름은 토머스다. 토머스 천.

오클랜드의 대표 관광지인 마운트 이든(Mt. Eden).
시내가 한눈에 내려다보인다.

늙은 어미는

마지막 진을 쏟아서 말한다.

"울지 마."

"고맙다."

"파이팅."

병든 어미의 입에서 나온 말이

내 가슴을 후벼 판다.

"파이팅."

목소리마저 파이팅이다.

– '숨' 중에서

Part 6

숨

다시 늙은 어미의 숨이 가빠진다.
밤새 숨과 길고 긴 싸움을 하고 있다.
그 싸움이 끝나면 어머니의 삶도 끝이다.

"컥~컥."

늙은 어미의 숨이 가쁘다.

일이 초 간격으로 벅찬 숨을 뱉는다.

그 사이 십여 초의 침묵.

다시 "컥~컥."

생과 사를 잇는 숨이다.

세 시간째, 다섯 자식을 낳은 어미는 숨과 싸움을 하고 있다.

어머니는 이 주 전 말기 환자 병동에 입원했다. 며칠 치료를 받으면 적어도 몇 달 정도는 사실 수 있을 것으로 믿었다. 아니, 꼭 그 정도는 아니더라도 몇 주 정도는 편한 숨을 이을 수 있을 것으로 생각했다. 그사이 세 번 죽음의 문턱을 오갔다. 엿새 전부터는 물 한 모금을 넘기지 못했다.

엊그제 한국에서 싱가포르를 거쳐 열여섯 시간이나 걸려 급하게 온 환갑 넘은 큰딸에게도 한마디 말씀을 못 건넸다. 겨우 숨만 쉴 뿐 의식이 없었다.

"… ."

어머니의 숨소리가 들리지 않는다. 의자에서 일어나 귀를 갖다 댄다. 미세한 숨소리…. 이어서 "컥~컥" 하며 거친 숨이 터져 나온다.

사람은 한평생 몇 번의 들숨과 날숨을 쉴까. 늙은 어머니의 남은 숨은 몇 번이나 될까.

시드니에 온 지 벌써 이 주째.

어머니가 위독하다는 소식을 듣고 급하게 달려왔다. 말기 환자 병동, 잘 차려진 독방에서 나는 어머니와 숨을 나눠 쉬었다. 열흘 넘는 밤을 함께 보냈다. 내가 할 수 있는 일은 그저 '같이 숨쉬기'뿐.

애써 나는 슬픔을 삭였다. 굳이 슬픔을 묵상하고 싶지 않았다. 찬송가를 부를 때도, 형제들이 목 놓아 울 때도 나는 울지 않았다. 눈가에 맺힌 마른 눈물을 검지로 찍어낼 뿐이었다.

이제 늙은 어머니에게 남은 숨이 길어 보이지 않는다. 만 번, 아니 어쩌면 천 번도 남지 않았을지도 모른다.

대충 계산해 어머니는 그동안 십억 번 넘게 숨을 쉬었다.

열다섯 살 평양 아가씨의 개나리꽃 숨,

스물네 살 새색시의 살구꽃 숨,

마흔 살 중년 여인의 국화꽃 숨,

여든 할머니의 동백꽃 숨.

어느 날 늙은 어미는 말했다.

"내 어릴 적 꿈은 가수였지. 내 친구 태순이와 과수원에 누워 노래를 불렀어. 다들 영숙이는 노래를 잘한다고 했지. 나도 심심하면 노래를 불렀고."

어머니는 따로 시키지 않아도 노래를 불렀다. 차 안에서도, 밥을 먹다가도 기회만 되면 노래를 뽑아냈다.

"아~아. 산이 막혀 못 오시나요."

어머니의 노래는 열흘 전, 2017년 4월 16일 부활주일 이후 들을 수 없게 됐다.

어머니가 부른 마지막 노래(찬송가) 가사 일부다.

"이 몸의 소망 무엔가 우리 주 예수뿐일세."

엿새,

백오십 시간이 넘게

늙은 어미는 숨만 쉬고 있다.

음식도,

물도 넘기지 못한다.

한 사람의 생명이,

숨이 그렇게 위대한 것이다.

사람은 숨을 못 쉬면 죽는다.

모든 생명체는 다 그렇다.

우리 어머니도 예외는 아니다.

거친 숨소리를 들어야 하는 아들은 한없이 슬프다.

올해 환갑이 된 둘째 누이는 울부짖는다.

"차라리 내가 죽었으면 좋겠다."

쉰을 갓 넘긴 여동생은 어미 가슴에 얼굴을 파묻고 운다.

"하나님! 우리 엄마 살려 주세요. 몇 달 만이라도 더 같이 살 수 있도록 해 주세요."

반백의 큰아들도 꺼이꺼이 울음을 토한다.

"어머니. 죄송합니다."

늙은 어미는 마지막 진을 쏟아서 말한다.

"울지 마."

"고맙다."

"파이팅."

병든 어미의 입에서 나온 말이 내 가슴을 후벼 판다.

"파이팅."

목소리마저 파이팅이다.

어머니의 파란만장한 삶을 자식들은 다 안다. 숱한 역경을 뚫고 여든여섯 해 삶을 버텨냈다. 기쁘기보다는 고단한 삶의 연속이었다. 삶의 중간중간 인간의 흠을 드러내 보였지만 마지막은 숭고하고 위대했다.

"여자는 약했으나, 어미는 강했다."

지금은 새벽 네 시,

나는 다섯 시간째 잠을 못 이루고 있다. 내 눈이 감기면 어머니 숨이 멈출 것 같아서다. 내 남은 숨이 얼마인지 모르지만, 그 숨을 조금이라도 늙은 어미와 나눴으면 좋겠다.

창세기 2장 7절.

"…생기를 그 코에 불어 넣으시니 사람이 생령이 되니라."

여기서 '생기'는 분명 '숨'일 것이다. 숨이 있어야 '생령', 살아 있는 영이 되는 것이다.

"커~억, 커~억."

다시 늙은 어미의 숨이 가빠진다. 밤새 숨과 길고 긴 싸움을 하고 있다. 그 싸움이 끝나면 어머니의 삶도 끝이다.

나는 한 번만 울고 더는 안 울 것이다.

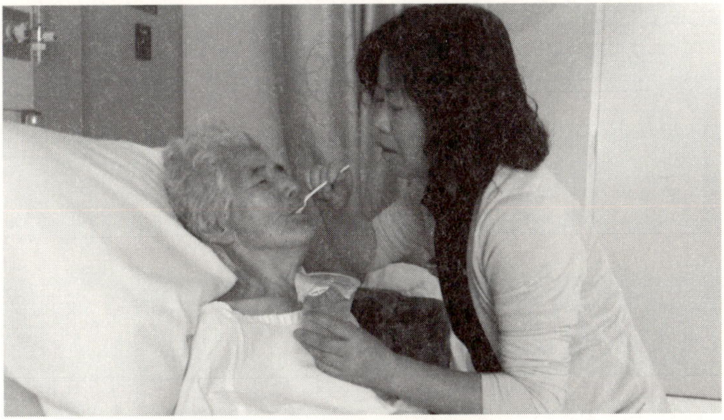

돌아가시기 며칠 전 막내 딸 박성순이 어머니의 숨을 잇기 위해 애쓰고 있다.

어머니의 숨은 하나님이 준비해 놓은 천상의 숨 사다리를 타고 천국에 분명코 가 계실 것이다. 천국의 문을 통과한 어머니에게 눈물을 보여서는 안 된다. 그저 이렇게 말하면 된다.

"사랑하는 엄마! 천국에서도 파이팅."

* 2017년 4월 26일(수) 새벽 시드니 와룽가 병원에서 씀.
한영숙은 이날 아침 마지막 숨을 거뒀다.

달을 보고 울었더래요

나도 모르게 눈물이 쏟아졌다.
달님이 내 노래 아니 내 기도를 들어주신 것이었다.

오클랜드의 달

시드니에 사는 형한테 전화가 왔다. 어머니가 위독하니까 언제든 올 준비를 하고 있으라고 했다. 어쩌면 며칠 안으로 큰 일을 치를지도 모른다는 슬픈 얘기도 흘렸다. 나는 당장 비행기 표를 끊겠다고 말했다. 내가 생각하는 효도에는 내일이 없었기 때문이다.

부활절을 앞두고 있어 표 구하기가 쉽지 않았다. 인터넷으로 몇 시간을 뒤져서 산 시드니행 이티켓(E-Ticket)을 여권 사이에 끼워 넣었다. 이런저런 준비를 한 뒤 바람도 쐴 겸 바깥으로 나갔다.

엷은 구름 사이 저 멀리에 보름달이 떠 있었다. 슬픔을 묵상하기에 딱 좋았다. 나는 괜스레 눈물이 났다. 소슬한 가을바람이 내 가슴에 불어닥쳤다. 하릴없이 집 주위를 돌았다. 서너 걸음 내디디고, 보름달 한 번 보고. 그렇게 수십 차례 의식을 치렀지만 야속한 달님은 나를 위로해 주지 않았다.

어머니가 암에 걸렸다는 게 믿어지지 않았다. 여든 중반이 넘는 삶을 사시는 동안 큰 병을 앓은 적이 없었다. 연세에 견줘 건강하게 사시고 계셨다. 그런데 암이라니.

어머니는 지난 1월 초 둘째 누이와 여동생을 따라 시드니에 가신 뒤 한 달 만에 암 판정을 받았다. 신장암 말기였다. 의사 말로는 길어야 여섯 달이었다.

어머니는 천생 소녀였다. 말도 행동도 생각도 열다섯 여자아이 같았다. 주위 사람으로부터 '귀엽다'는 말을 자주 들었다. 어머니는 그 말에 애써 토를 달지 않았다. 그냥 부끄러운 듯 "성기야. 사람들이 나만 보면 귀엽다고 그래. 교회에서도 노인학교에서도. 여든 넘은 쭈그렁탱이 할머니에게 말이야. 근데 니가 봐도 내가 귀엽니?" 그러시며 귀여움의 부록 편을 이어 나가셨다.

따져보면 어머니가 그렇게 된 것은 내 잘못이 크다. 옆구리가 결리느니, 소변이 잘 안 나온다느니, 뭘 먹고 싶은 생각이 하나도 없다느니 하는 말을 허투루 듣지 말았어야 했다. 신장암의 삼대 증후를 나는 그저 나이 많은 할머니의 일상적인 푸

념으로만 여겼다. 효자는커녕 어머니의 남은 생명을 갉아 먹은 불효자였다.

내가 사는 동네를 몇 바퀴 돌아도 슬픔이 사라지지 않았다. 갑자기 1970년대 초반 어린 시절이 떠올랐다. 초등학교 삼사학년 무렵이었다. 어머니가 아버지랑 부부싸움을 한 뒤 집을 나갔다. 어머니의 둘째 오빠가 살던 중부시장 허름한 식당이 피난처였다.

어머니는 고만고만한 다섯 자식이 안중에도 없는 듯 며칠 동안 집에 돌아오지 않았다. 나는 밤마다 옥상에 올라가 달을 보며 울었다.

"엄마, 엄마. 착한 우리 엄마."

그런 구성진 노래 가사를 수십 차례 읊조렸다. 내 노래가 엄마 마음에까지 닿았는지 얼마 뒤 어머니는 내가 좋아하는 단팥빵을 한 아름 싸 들고 집에 돌아왔다.

"성기야. 엄마 왔다."

나도 모르게 눈물이 쏟아졌다. 달님이 내 노래 아니 내 기도를 들어주신 것이었다. 어머니는 훗날 이 얘기를 심심할 때마다 꺼내 나이 오십 넘은 아들을 놀렸다.

"너 그때 엄마 보고 싶어 많이 울었다며? 옆집 사는 정애 엄마가 종종 얘기했거든. 그런데 정말로 엄마 보고 싶었니?"

얼마나 지났을까. 하늘을 보니 보름달이 구름 속에 갇혀 있었다. 어머니가 계시는 시드니로 떠날 시각이 몇 시간 남지 않았다. 갑자기 마음이 바빠졌다. 보고 싶은 마음도 더 거세졌다.

"엄마! 조금만 참으세요. 둘째 아들이 사랑하는 엄마 보러 갈 테니까요. 아셨죠?"

시드니의 달

내가 시드니에 도착한 날, 어머니는 여동생 집에서 의사의 진료를 받고 있었다. 나를 보자마자 어머니는 계면쩍게 웃으며 말했다.

"성기 왔구나. 바쁠 텐데."

그러면서 얼굴에 웃음꽃을 피웠다. 그 순간만큼은 암의 고통도 없어 보였다. 둘째 아들이 두 시간짜리 모르핀이었다.

어머니는 그날 오후 호스피스 병동에 입원했다. 그 뒤 백약이 무효였다. 그저 고통 없이 환자를 죽게 하는 게 담당 의사의 임무처럼 보였다. 어머니는 천천히 죽음 곁으로 가고 있었다. 열 마디 말에서 다섯 마디로, 결국은 침묵으로. 열 숟갈 식사에서 묽은 음료수로, 끝내는 'NIL by Mouth'(아무것도 먹이지 말 것)로.

어머니의 마지막 투병은 그리 길지 않았다. 암 말기 환자치고는 험한 모습도 없었다. 대신 날개 없는 천사의 모습을 하고 계셨다. 이미 흘러간 지난 삶은 벅찼지만, 앞으로 다가올 삶은 행복해 보였다. 돌아보면 그것은 어머니가 다섯 자식에게 준 마지막 선물이었다. 영원한 이별이 아닌, 산뜻한 헤어짐.

'오클랜드의 달', 하늘을 보니 보름달이 구름 속에 갇혀 있었다.
어머니를 빨리 보고 싶은 마음이 더 거세졌다.

시드니의 가을은 더할 나위 없이 좋았다. 쭉쭉 뻗은 유칼립투스 나무 사이로 가을의 원숙함이 하늘을 찌른다. 날씨마저 궂었다면 내 마음이 더 쓰렸을 것이다.

어머니를 양지바른 곳에 묻었다. 그 뒤 나는 며칠을 앓았다. 슬픔에도 무게가 있다면, 내가 진 무게는 과연 얼마나 됐을까. 하루 이틀 지나면서 나는 일상의 삶으로 돌아왔다. 시드니가 한눈에 내려다보이는 근사한 식당에서 우아한 식사도 했고, 한 시간 넘게 차를 타고 교외를 나가 늦가을 단풍을 즐기며 글감을 찾기도 했다. 여동생이 사 준 밤색 구두가 너무 맘에 들어 허공에다 힘찬 발길질도 해댔다. 어머니를 잊는 방법은 그렇게 '비(非) 아들적'인 것이었다.

시드니를 떠날 날이 다가왔다. 어머니가 돌아가신 땅에서, 어머니가 살아 계셨던 땅으로 다시 돌아가야 했다. 어미를 잃은 형제들은 당신의 부재를 이런 식으로 달랬다.

"서로 이렇게 생각하면 좋겠어요. 시드니에 사는 우리(세 남매)는 어머니가 오클랜드에 계신다고 생각하고, 오클랜드에 사는 형제들(나와 큰누나)은 어머니가 시드니에 계신다고 생각하기로 해요. 일 년에 한두 번씩 왔다 갔다 하셨으니까요. 앞으로는 천국에 계시는 어머님을 그런 식으로 생각하며 살자고요."

돌아갈 짐을 챙겼다. 짐이라야 검정 양복 한 벌과 책 두 권, 그리고 어머니 회고집이 다였다. 회고집은 명색이 글쟁이인 내가 어머니 장례식 때 조객들에게 나눠준 작은 책이었다. 어머니 관련 글 일곱 편으로 꾸며진 회고집의 앞 제목은 이렇다.

"주께로 가오니 받아 주시옵소서."

한영숙 권사.
1931년 3월 11일 평양에서 태어나
2017년 4월 26일 시드니에서 잠들다.

여동생네 집 뒷마당 저 멀리 보름달이 떠 있었다. 한 달 전 내가 오클랜드에서 본 그달이 나를 따라, 엄마를 향한 그리움을 따라 좇아온 것이다. 숨을 크게 내쉬었다. 마지막으로 어머니에게 안녕을 알렸다.

"엄마! 조금만 참으세요. 둘째아들이 사랑하는 엄마 보러 갈 테니까요. 아셨죠?"

우리 아들이 작가예요

다른 사람은 몰라도 어머니는 나를 작가로 인정해 줬다.
그렇지 않으면, 우아한 '작가 어머니'가
될 수 없기 때문이었다.

'글 노동자.'

명함에 쓰여 있는 내 직업이다. 그 밑에는 영어로 'Freelance Writer'(프리랜서 작가)로 적혀 있다. 조금은 색다른, 그러면서도 슬픈 백수 냄새가 난다. 대충 뭘 하는지는 알겠는데, 정확히는 어떤 일을 하는지 알기 어렵다.

두 해 전 스무 해 가깝게 해온 책방을 접었다. 그러자 갑자기 나의 정체가 사라진 느낌이 들었다. 그때 불쑥 든 생각이 그럴싸한 명함을 파야겠다는 거였다. 누가 인정해주지 않아도, 내가 인정할 수 있으면 그걸로 만족이었다.

만나는 사람에게 명함을 건넸다. 더러는 신기한 듯 더러는 우스운 듯 명함을 살펴봤다. 말을 안 해도 그 표정이 무엇을 뜻하는지 잘 안다. '백수를 그럴듯하게 포장해 다니는군.' 그렇게 느껴졌다.

어정쩡한 백수 생활을 시작한 지 몇 달 만에 책을 한 권 냈다. 뉴질랜드의 역사 인물을 다룬 책이다. 내 나름대로 많은 공을 들여 만들었다. 책을 산 독자들이 웃으며 말했다.

"이제부터 '작가님'이라고 불러야겠네요."

책을 냈으니 작가라고 해도 된다는 뜻이었다. 그때부터 나는 자타가 인정하는 작가가 됐다. 하지만 '작가'라고 하기에는 2% 아니 20%가 모자랐다. '내가 과연 그런 고상한 호칭으로 불려도 되나', 하는 자괴감이 가슴 한쪽을 짓눌렀다.

그런 나를 위로해 준 사람은 소학교(초등학교)만 겨우 마친 우리 어머니다. 책이 나왔을 때 어머니는 아는 사람을 찾아다니며 책 외판원이 되어 주셨다. 그때마다 지인들에게 한 말.

"우리 아들이 작가예요. 한평생 책만 끼고 살더니 이제 빛을 보려나 봐요."

내가 몇 해 전 문학 공모전에서 수필 부문 대상을 받았을 때도 어머니는 누구보다 기뻐해 주셨다. 그런데 책까지 낸 '위대한' 아들을 두었으니 얼마나 동네방네 자랑하고 싶었을까?

사실 어머니는 작가가 무슨 일을 하는지 잘 모른다. 그저 작가(선비)는 춥고 배고픈 사람이라는 것만 알 뿐이었다. 대학 시절부터 서른 해 넘게 책만 껴안고 사는 내가 그걸 증명했기 때문에 잘 알고 계신다.

책이 나오고 나서 나눈 작가 어머니와 작가 아들의 대화.

작가 어머니: 책은 좀 팔리니? 신문에 글 써서 쌀은 살 수 있니?

작가 아들: 성경도 작가(기자)가 있어서 하나님 말씀을 전할 수 있고, 〈엄마가 뿔났다〉 같은 재미있는 드라마도 작가가 있어야 나올 수 있어요.

다른 사람은 몰라도 어머니는 나를 작가로 인정해 줬다. 그렇지 않으면, 우아한 '작가 어머니'가 될 수 없기 때문이었다. 나는 그걸 핑계 삼아 어머니한테 후한 대접을 받았다. 외식을 하면 셋에 두 번은 밥값을 내셨고, 종종 "작가가 무슨 돈이 있겠니" 하며 쉰 넘은 아들에게 용돈을 건넸다.

나는 어머니에게 유독 작가 티를 많이 냈다. 어머니의 한 많은 삶을 어떤 식으로든 남기고 싶었다. 녹음기를 꺼내 녹취를 하고, 옛날 사진을 보여주며 추억을 더듬게 했다. 어머니는 취재원의 소임을 충실하게 잘 해냈다.

'글 노동자.'

돌아보면 명함에 걸맞지 않게 '글'도 제대로 안 썼고, '노동'

도 열심히 하지 않았다. 늘 더 나은 작품을 위해 명상과 잡념에만 빠져 살았다. 완벽한 자기기만이다.

하지만 얼치기 작가의 꿈은 비장하다. 교민 신문에 틈틈이 써 온 1.5세들의 글을 묶어 곧 책으로 펴낼 예정이다. '벌써' 두 번째 책이 나오게 되는 것이다. 아울러 해마다 한 권씩 책을 쓸 야무진 생각을 하고 있다. '뉴질랜드의 위대한 올레길'이 그다음이 될 거고, 호주 블루 마운틴 여행기 '청산에 살어리랏다', '오클랜드 백경(百景)' 등도 계획표에 있다.

내 나이 예순, 아니 그를 훌쩍 넘어 적어도 예순다섯까지 쓸 책 내용이 내 머릿속에 들어 있다. 현실은 몰라도 앞날만큼은 어떤 대작가 못지않은 포부를 품고 산다.

그런데 어느 날 누가 내게 말했다.

"작가의 마지막 로망은 자기 어머니 얘기를 쓰는 것이다."

그 말을 듣는 순간, 앞서 말한 내 모든 계획은 별 의미가 없어 보였다. 그 무엇보다 어머니의 얘기가 쓰고 싶어졌다. 취재는 나름대로 충분히 했다. 이제 작가의 역량만 제대로 드러내면 된다.

솔직히 말해 그때가 언제가 될지 자신할 수 없다. 그래도 이 말만큼은 분명히 하고 싶다.

"어머니 얘기는 그 누구보다 제가 제일 잘 쓸 거예요. 작가 아들 실력 믿지요?"

문득문득 돌아가신 어머니가 가슴에 사무치도록 보고 싶다.

지상에서 못다 나눈 대화를 글 속에서 살려내는 수밖에 없다. 어머니의 말투와 표정 그리고 한(恨)과 정(情). 평양에서 오클랜드까지 이어지는 여든여섯 해 삶을 어떤 식으로든 정리해 보고 싶다.

훗날 천국에서 어머니와 내가 다시 만났을 때 어머니는 분명 천사들에게 나를 이렇게 소개할 거다.

"우리 아들이 작가예요. 제 얘기도 얼마나 잘 썼는데요. 호호."

내가 쓴 두 권의 책
『뉴질랜드를 만든 사람들』(2016), 『젊은 33인 나의 일 나의 꿈』(2018).

커피 한잔을 앞에 두고

엄마는 씩 웃는다.
나는 그 웃음의 뜻을 안다.
'커피가 뭐 그리 좋았겠니? 너랑 같이 있는 게 좋았지.'

오랜만에 미술관에 갔다. 집에서 차로 십 분 거리에 있는 곳이다. 백 년이 넘는 역사를 자랑하듯 고풍스러운 미술관에는 멋진 카페도 있다. 유명한 화가의 우아한 그림 덕분에 커피나 음식 맛도 더 좋을 것 같은 느낌이 든다.

그림을 둘러본 뒤 카페에 들러 커피 한잔을 시켰다. 내가 늘 즐겨 마시는 모카치노. 번호판을 받아 바깥으로 나갔다. 시원하게 펼쳐진 푸른 잔디 곳곳에 큰 나무들이 하늘을 찌르듯 위용을 뽐내고 있다. 거친 바람 소리마저 예술적으로 느껴진다. 나 홀로 커피, 말 없는 자연만이 내 친구다.

이십 대 중반으로 보이는 여직원이 금발을 휘날리며 다가와 식탁에 커피잔을 내려놓았다. 그리고 한 마디.

“해브 어 굿 타임.”(Have a good time.)

순간 나도 모르게 외로운 기분이 들었다. 내 식탁 주위에 삼삼오오 둘러앉은 손님들의 재잘거림도 한몫했다. 대부분 백발이 성성한 할머니들이다. 인생의 노년을 미술을 벗 삼아 즐기는 그들이 내심 부러웠다.

계산대로 가 커피 한잔을 더 주문했다. 살아 계실 때 엄마가 즐겨 드시던 카푸치노. 다시 내 자리로 돌아와 원고 뭉치를 훑는다. 벌써 세 번째 읽는 원고 더미다.

“인생이 이렇게 지루한 것인 줄… 정말 몰랐다.”

첫 문장은 이렇게 시작한다. 얼마 전 나와 동갑인 오랜 지인이 자기가 쓴 중편 소설을 내게 건네며 한 번 봐 달라고 부탁한 작품이다. 한 여인의 기구한 삶이 작품 곳곳에 스며 있다. 주인공은 내 엄마 또래의 할머니다. 소설이라고 하기보다는 수기에 가까운 그 작품을 읽으며 나는 돌아가신 내 엄마를 떠올렸다. 아니 가슴에 사무치도록 엄마가 보고 싶었다.

여직원이 카푸치노를 내 식탁으로 가지고 온다. 그의 멋쩍은 웃음이 무슨 뜻인지 충분히 짐작이 간다. 되돌아가는 그의 뒷모습이 잠깐 흔들린다.

‘취향이 독특한 남자네.’

나는 카푸치노를 응시한다. 가운데 하트 무늬가 새겨져 있다. 순간 하얀 김을 타고 엄마가 나타났다. 지니의 요술램프에서 나온 듯 살아생전 그 모습 그대로다.

"성기야. 엄마 보고 싶었니?"

나는 애써 눈을 옆으로 돌렸다. 주위에 있는 할머니들의 눈길이 거북해서다. 저 멀리 우뚝 서 있는 나무를 한 번 본 뒤 조금은 매정하게 물었다.

"천국이 그렇게 좋으신가요?"

"…."

나는 엄마와 카페를 자주 다녔다. 나는 늘 달달한 모카치노를, 엄마는 늘 거품이 많은 카푸치노를 시켰다.

"그 카… 뭐라고 하는 거 시켜라."

엄마는 '카푸치노'라는 네 자를 다 발음하기가 힘들어 앞 글자만 말하고 대충 넘어가곤 했다. 나는 그사이 내가 먹고 싶은 케이크나 샌드위치 같은 '주전부리'를 추가했다. 그게 엄마가 바라는 거라는 걸 잘 알기 때문이었다. 여든 넘은 엄마는 쉰 넘은 아들 입에 그 무엇이라도 넣어주고 싶어하셨다.

새 천년을 한 해 앞둔 1999년 엄마는 한국 생활을 정리하고 뉴질랜드에 정착했다. 순전히 자식들과 함께 남은 생을 보내기 위해서였다. 큰 호강은 못 해도 다섯 자식의 적당한 효도를 받으며 살던 엄마는 지난해 4월 시드니에서 삶을 마쳤다.

이생에서 보낸 햇수는 여든여섯. 세상적으로 본다면 적지 않은 나이였고, 비록 암으로 돌아가시긴 했지만 엄마가 치른

미술관 안에 마련된 카페.
이곳에서 나는 종종 커피를 마시며 돌아가신 어머니를 생각한다.

고통은 생각보다 심하지 않았다. 남들은 내게 그 정도면 호상이라며 위로했는데도 나는 그게 전혀 와닿지 않았다. 엄마도 죽을 수 있다는 게 믿기지 않았다.

엄마가 내 곁을 떠난 지 어느덧 한 해가 다 되어간다. 형제들이 단체 카톡을 통해 엄마 사진을 주고받고 절절한 사모곡을 전해와도 나는 묵묵부답으로 대했다. 어쩌면 그게 엄마를 잃은 슬픔을 견디는 나만의 방법이었는지도 모른다. 늦은 밤 잠자리에 들어서도, 멀리 여행을 갈 때도, 맛있는 음식을 먹을 때도 불쑥불쑥 엄마 생각이 떠오르곤 했다. 하지만 나는 그 시간을 1~2초로 줄였다. 슬픔을 굳이 묵상하고 싶지 않았다.

내 몫의 모카치노가 점점 줄어든다. 엄마 몫인 카푸치노는 그대로다. 온기만 천천히 사라지고 있을 뿐이다.

"천국에도 커피가 있던가요?"

엄마는 씩 웃는다. 나는 그 웃음의 뜻을 안다.

'커피가 뭐 그리 좋았겠니? 너랑 같이 있는 게 좋았지.'

시끌벅적하던 카페가 점점 조용해진다. 문 닫을 시간이 다 된 것이다. 여직원이 내게 와 다소곳이 묻는다.

"우쥬 라이크 어나더 커피?"(Would you like another coffee?)

영업시간이 다 끝나가니 커피 한잔을 더 마시고 싶으면 빨리 주문하라는 뜻이다. 나는 엄마를 바라봤다. 손사래를 친다. 그만해도 된다는 표시다.

"너 건강한 것 봤으니까 이제 됐다. 글 쓴다고 너무 무리하지 말고 몸 챙겨가며 해라."

엄마와 나의 작별 시간.

주위를 둘러보니 남은 사람은 우리 둘뿐이다. 그 많던 누구의 엄마들은 다 떠나고 없다. 가슴 한쪽에 구멍이 뚫린 것처럼 허전함이 밀려온다.

나는 미처 묻지 못한 마지막 질문을 혼잣말로 속삭인다.

'엄마, 천국에서도 나랑 같이 커피 마실 거죠? 내 건 모카치노, 엄마 건 카-푸-치-노.'

나는 미술관을 나선다. 아니 카페를 빠져나온다. 저 멀리 커다란 나무 사이로 그 무엇이 사라지는 게 보인다. 나도 모르게 오른손이 올라간다.

'부디 다시 만날 때까지 잘 계세요. 사랑하는 내 엄마.'

70년 만에 이루어진 해후

젊은 엄마의 등에는 둘째 아들이 있었고,
가슴에는 못 데리고 온 큰아들이 있었다.

평창올림픽 개막식이 열린 다음 날(2018년 2월 11일), 나는 친하게 지내던 한 지인을 시드니의 일식당에서 만났다. 오클랜드에서 살다가 몇 해 전 호주 시드니로 다시 이민을 간 그는 나와 같은 교회를 다닌 신앙 동지이자 내가 품고 있던 한국 도서관의 꿈을 여러모로 지원해준 든든한 후원자였다.

그는 만으로 마흔, 젊은 나이에 한국에서 장로가 되었다. 벌써 서른 해 전의 일이다. 그때나 지금이나 웬만큼 신앙과 삶이 다른 이에게 본이 되지 않고서는 그 나이에 받기 힘든 명예다. 십여 년을 매주 보아온 나는 그의 인품을 조금이라도 닮고 싶었다. 편한 웃음과 남을 배려하는 마음 자세가 유독 돋보였다.

시드니에 갈 때마다 시간을 내 그를 만났다. 그는 내가 전화를 하지 않으면 무척 섭섭해한다. 같은 교회를 다닌 인연과 남 대접하기를 즐기는 품성 때문이다. 그는 어떻게든 내게 맛있는 것을 사주려고 한다.

생활의 근거지를 시드니로 옮긴 뒤 그는 봉사의 삶을 이어왔다. 일주일에 나흘을 여러 봉사 활동하는 데 힘을 보태고 있다. 오클랜드에 있을 때도 교회에서 운영하던 한글 학교의 교장을 맡아 손주 같은 학생들에게 사랑을 베풀었다.

그와 만나기 하루 전, 평창올림픽 개막식을 시드니에서 생중계로 보았다. 드론으로 밤하늘에다 올림픽 기를 구현하는 등 최첨단 기술을 활용해 멋진 개막식을 선보였지만 내 마음 한구석에는 찝찝한 게 있었다. 일부 몰지각한 사람들의 비아냥이었다. '평창올림픽이 아닌 평양올림픽이 되고 말았다'는.

"하마터면 내가 좋아하는 박 집사를 못 만날 뻔했어요."

식당 종업원을 불러 기분 좋게 최고급 회를 주문한 뒤 그가 던진 첫 마디였다. 나는 그 이유가 궁금했다. 나중에 얘기를 듣고 보니 내가 하루 이틀만 연락을 미뤘더라면 만남은 성사되지 못했을 거였다.

"나 내일모레 평양에 들어갑니다."

그는 얼굴 가득 웃음을 띠고 말했다. 무언가 좋은 일이 있는 것처럼 느껴졌다. 그는 한 시간 내내 평양 얘기만 했다. 내 몫의 회는 내 뱃속으로 다 들어갔고, 그의 몫도 상당량이 내 차지가 되었다. 그가 내게 해준 얘기를 담담히 푼다.

그는 세 살 때 임진강을 건넜다. 1950년 한국전쟁이 터진지 얼마 안 됐을 무렵이었다. 아버지는 산림청(당시 영림소) 직원. 부모님은 공산당이 싫어하는 기독교 신자들이었다. 빨리 남쪽으로 내려가지 않으면 죽을 목숨이었다.

그에게는 두 살 위 형이 있었다. 하지만 불행하게도 그의 형은 임진강을 함께 건너지 못했다. 어머니가 먼저 피난을 간 남편과 합류하기 위해 몸이 약한 둘째 아들만 데리고 남한으로 내려왔다. 큰아들은 할아버지와 할머니가 잘 지켜주다가 몇 달 뒤에 데리고 올 수 있을 것으로 믿었다.

그의 어머니는 어린 아들에게 억지로 아편을 먹였다. 다른 피난민들에게 민폐를 끼칠 수 없어서였다. 아편에 취한 그는 세상 모르고 잠만 잤다. 늦은 밤 20대 말의 젊은 엄마는 숨을 죽여가며 강물을 헤쳤다. 젊은 엄마의 등에는 둘째 아들이 있었고, 가슴에는 못 데리고 온 큰아들이 있었다.

그렇게 70년의 세월이 흘렀다. 그 사이 어머니는 마흔도 안 된 나이에 병으로 세상을 떠났다. 어머니의 평생 한(恨)은 큰아들을 북한 땅에 두고 온 것이었다. 죽기 전까지 신앙생활을 열심히 해온 어머니는 둘째 아들에게 유언처럼 말했다.

"OO야. 네 형을 데리고 오지 못한 게 너무 마음이 아프다. 하늘나라에서라도 만날 수 있으면 좋겠다."

세월이 흘러 세 살짜리 소년은 칠순이 막 넘은 할아버지가 되었다. 아들 하나에 딸 하나를 두었고, 손주도 세 명이나 보았다. 그는 공군 기술 장교로 스무 해 넘게 복무하다가 소령으로 예편한 다음 뉴질랜드에 이민 와 행복하게 살았다. 그러면서도 돌아가신 어머니의 마지막 당부를 늘 잊지 않았다.

지난해 몇몇 지인과 함께 고향 땅, 평양을 찾았다. 기억도 추억도 없는 곳이지만, 그의 태(胎)를 만들어준 곳이다. 혹시나 하는 마음으로 형의 인적 사항을 대리인에게 건넸다.

반년이 지났을 무렵 평양에서 사진 한 장을 받았다. 달리 따져볼 것도 없었다. 돌아가신 아버지의 모습이 거기에 그대로 박혀 있었다. 그는 다시 평양을 가야겠다고 결심했다. 형에게 하지 못한 말을 꼭 해주고 싶었다. 어머니가 유언처럼 남긴 말도 꼭 전해야 했다.

“어쩌면 내가 그 자리에 있었을지도 몰라요. 돌아보면 형한테 많이 미안하죠. 큰아들이 내려오는 게 순리였을 텐데 말이죠. 지난 70년 세월을 보상해 주지는 못해도, 위로라도 해주려고요.”

그의 마음은 들떠 있었다. 강산이 일곱 번 바뀔 정도로 긴 세월이 지나서야 만나게 된 피붙이를 그리워하는 마음이 절절해 보였다. 70대 두 형제가 나눌 수 있는 대화도 제한되어 있을 거고, 함께 보낼 시간도 그리 많지 않을 게 분명하다.

“평양에 가면 먼저 봉수대교회에서 예배를 본 뒤 북한에서 나온 성경책을 한 권 사서 형에게 전해 줄 거예요. 이 말을 꼭 해드리려고요. 형님! 돌아가신 어머님이 남긴 유언입니다. '이 세상에서는 못 만나도 하늘나라에서 꼭 다시 만나자'고 하셨다고요. 어머님이 정말로 많이 미안해하셨다는 것도 알았으면 좋겠어요."

그와 나눈 한 시간의 대화는 나를 참 울적하게 했다. 동족상잔의 비극이 70년의 세월이 흘렀어도 끝나지 않아서다. 이념이 무엇이길래 형제를 갈라놓았는지 나는 참으로 가슴이 아팠다.

그 뒤로 한 달 하고도 보름이 지났다. 평양올림픽이라 불릴 정도로 남북이 긴장 상태에 있었던 그때와 견주면 지금은 삼천리 곳곳에 개나리와 진달래가 사방에 피어나듯 남북 관계에 훈풍이 불고 있다. 현 정부의 지혜로운 판단 덕분에 전쟁이 아닌 평화의 길로 가는 것 같아 마음이 놓인다.

평양과 시드니에 사는 형제가 언제 또다시 만날 수 있을지 모른다. 나는 그 만남이 꼭 하늘나라에서만 이루어지길 바라지 않는다. 분명코 그들의 어머니도 형제가 더 자주 만날 수 있기를 기도하고 있을 것이다. 형제가 한 핏줄에서 나온 것처럼 남과 북도 원래 한 뿌리이기 때문이다.

시드니에 사는 내 지인의 이름은 박현호(장로)다. 혹시 만날 일이 있으면 "형님은 잘 계시냐"고 물어봐 주길 바란다. 사는 공간은 달라도 형제애는 변치 않을 게 분명하다.

'뉴질랜드의 위대한 올레길'(NZ Great Walks) 중 한 곳인
케플러 트랙(Kepler Track)을 걷다가 뉴질랜드 희귀 새인 키아(Kea)를 만났다.
산속 깊은 곳에서 그 누구를 기다리는 것 같아 보였다.

나는 이 글을 상당 기간 묵혔다가 썼다. 칠십 년 만에 이루어진 멋진 해후를 하루 이틀 만에 훌쩍 해치우듯 쓰는 게 예의가 아니라고 생각해서다.

당신의 아지트는 어디인가요

이참에 독자들에게 묻고 싶은 게 하나 있다.
"그런데 당신의 아지트는 어디인가요?"

1980년대 대학 시절, 감명 깊게 읽은 책 가운데 하나가 『아무도 미워하지 않은 자의 죽음』(잉에 숄 지음)이다. 나치 치하에서 마지막까지 자유를 위해 싸운 젊은 학생들의 얘기를 담았다. 그들의 모임 명칭은 슬픈 향기가 묻어나올 것 같은 '백장미단', 모임 장소는 그들만이 아는 비밀 아지트(어쩌면 아파트 지하실?)였다.

갈색 표지, 누런 종이에 세로로 인쇄된 200쪽 안팎의 그 책을 나는 읽고 또 읽었다. 책의 삼 분의 이를 검은 볼펜으로 밑줄을 쳐가며 독파했다. 그만큼 명문과 격문이 많았다. 쿠데타로 정권을 찬탈한 전두환의 폭정을 나는 이런저런 책으로 견뎠다. 그러면서 운동권 도서의 대표작이라고도 할 수 있었던 그 책을 통해 아지트의 중요성을 깨달았다.

그렇다고 내가 대단한 운동권 학생이었다는 말은 아니다. 사람은 한평생 살면서 누구나 저마다의 아지트가 있어야 한다는 것을 일찍이 파악했다는 뜻이다. 그것이 세상을 바꿀 수 있는 고귀한 결사체의 장소든, 아니면 한 사람의 영혼을 편히 쉬게 할 수 있는 소박한 공간이든 자기만의 그 어느 곳이 있어야 한다고 믿는다.

아지트 일.

이민 오기 전까지 내 아지트는 책방이었다. 오래전 문을 닫아 없어진 종로서적과 헌책방의 대명사 격인 공씨책방이 그중 앞자리에 있었다. 광화문 사거리에 자리했던 공씨책방은 지금은 변방으로 밀려나 힘겹게 버티고 있다.

젊은 날 나는 책이 늘 고팠다. 돈이 생기면 늘 책방으로 갔다. 점심은 걸러도 영혼의 양식은 어떻게든 채우려고 애를 썼다. 문학으로, 철학으로, 사회과학으로 나를 만들어나갔다.

나는 그곳에서 글자 전사(戰士)들과 회합했다. 때로는 은밀한 지령도 받았고, 때로는 어설픈 접선도 치렀다. 내 사상은 나만의 아지트에서 솔 이파리처럼 푸르러 갔다.

아지트 이.

"형, 거기서 만나."

종로 5가 기독교회관 근처에 있던 카페. 피 한 방울 섞이지 않은 여자 후배는 나를 형이라고 불렀다. '거기'는 젊은이들이 즐겨 찾던 다방에 견줘 조금은 부르주아 티가 나는 고상한 곳이었다. 겨울이면 소박한 장작불이 운치를 더해 주었다.

이름은 기억나지 않지만, 세 글자로 된 상호를 갖고 있었던 것은 분명하다. 중간 글자에 '쥬'나 '블' 같은 서구(西歐)스러운 글자가 있었다. 거기서 후배와 나는 밀애도 하고 문학도 나눴다.

누군가에게 음악다방 '쎄시봉'이 있었고, 또 누군가에게는 '길다방'이 있었다면 나와 후배에게는 '그곳'이 있었다. 그래서 젊은 날 한때 푸르른 삶의 기쁨을 즐겼다고 자신 있게 말할 수 있다.

1995년 3월 서른둘 나이에 청운의 꿈을 품고 뉴질랜드에 이민을 왔다. 하지만 낯선 땅, 낯선 나라에서 내가 맘 놓고 쉴 수 있는 자리를 찾기 힘들었다. 아무리 자연환경이 좋아도, 마음마저 풀어놓고 있어도 될 나만의 공간은 없었다. 버거운 이민생활의 무게가 그렇게 만들었을지도 모른다. 아지트는커녕 나만의 방도 없는 옹색한 삶이었다.

다시 아지트 일.

뉴질랜드 짬밥이 늘면서 나 홀로 있을 시간이 생기기 시작했다. 자식과 아내를 잠깐잠깐 등지려고 일부러 만든 것이다. 삶의 버거움도, 밥벌이의 지겨움도 한몫을 했다.

오클랜드 부두 선술집.

나는 가끔 '목사 아들'이라는 레떼루(상표)를 떼고 맥주 한 조끼(375cc)를 들이켰다. '착해 보이는' 포장을 벗고 서양 여자의 금빛 젖가슴을 훔쳐봤다. 철저한 나만의 공간, 나만의 아지트에서 나는 드디어 '내'가 되었다.

낯선 이들과 인생의 계급장을 떼고 나는 서툰 대화 속에서 나는『그리스 사람 조르바』에 나오는 글쟁이였을지도 모른다고 생각했다.

불현듯 선술집 앞에 있던 오래된 나무 그네가 기억난다. 한 번 뒤로 제치면 커다란 요트의 깃대 끝이, 한 번 앞으로 당기면 내 맘속까지 환히 비추는 밝은 달이 보이곤 했다.

다시 아지트 이 또는 이 대시 일.

공원 또는 내가 공원이라고 부르는 곳이다. 남이 볼 때는 전혀 아닐 수도 있다. 나는 한두 시간 짬이 있으면 무조건 차를 몰고 인근 공원으로 간다. 거기서 늘어지게 낮잠 혹은 오후잠을 즐긴다.(더러 밤에 아주 늦은 오수[午睡]를 만끽하기도 한다.)

잠과 잠 사이 꿈속에 숱한 인물과 사건이 등장한다. 돌아가신 아버지가 둘째아들이 보고 싶어 왔다고 하기도 하고, 그 언젠가 날 버리고 떠난 여자가 화해의 손을 내밀며 웃음 띤 얼굴로 나타나기도 한다.

내 돈 떼먹고 도망간 사람이 생각나 소리를 지르기도 했고, 자기 돈 받겠다며 달려드는 사람에게 궁색한 표정으로 조금만 더 참아달라고 하기도 했다.

모름지기 공원은, 내가 공원이라고 부르는 곳은 그 어디든 나만의 아지트였다.

나이 오십이 넘어가면서, 아니 좀 더 솔직히 말하면 최근 들어 색다른 아지트를 찾고 싶어졌다. 그런데 아무리 생각해도 딱히 마땅한 곳이 없다. 슬픈 일이다.

자살로 삶을 마친 소설가 버지니아 울프는 일찍이 "사람은 누구나 자기만의 방이 있어야 한다"고 했다. 사실 여기서 '사람'은 글 쓰는 작가, 자기 분신을 뜻하는 것이지만 나는 굳이 보통 사람으로 일반화했다. 누구든 나만의 방(공간), 아지트를 갖고자 하는 욕망이 있어서다.

이참에 독자들에게 묻고 싶은 게 하나 있다.

"그런데 당신의 아지트는 어디인가요?"

오클랜드 한 가정집의 차고.
이 공간은 때로 '멍 때리는' 공간으로 활용되기도 한다.
나는 이런 곳이 좋다.

'걷는 자만이 앞으로 갈 수 있다.'
산길 60km를 나흘 동안 걸었다. 무언가를 이뤄내 한없이 기뻤다.

지극한 그리움의 글

오랜 시간이 흐른 후 다시 만나게 되는 사람이 있다. 이십 대에 만났으나 오십이 넘어서야 제대로 벗이 된 우리, 박성기 작가와 나는 뉴질랜드와 한국이라는 시공간과 상관없이 책과 글을 나누는 친구가 되었다.

20대 후반 기독교 언론에 종사하는 직업을 가진 우리는 취재 현장에서 만나는 사이였다. 사회정의에 대한 고민과 기독교라는 종교제도에 대한 저항의식 그리고 신앙인으로서의 어떤 사명감까지 있었지만 결과적으로는 깨트려지지 않는 거대한 현장, 냉혹한 현실에 부딪히며 다른 생업의 현장으로 들어섰다. 박성기 씨는 뉴질랜드로 이민을, 나는 출판사와 잡지사 몇 곳에서 일하다가 편집 디자인 회사를 만들어 지금까지 이어오고 있다.

이 글을 쓰는 지금에서야 돌아보니 그때야말로 내 의식에 엄청난 변화를 몰고 온, 한 과정이었다. 내 삶의 이정표를 비로소 세운 입지(立志)의 때였다. 고달픔, 힘겨움, 좌절감, 패배감… 단단

한 바위를 향해 달걀도 던져보지 못하고 물러날 수밖에 없었지만, 박성기 씨도 나도 그때가 있었기에 또다른 한걸음을 떼었다고 자부한다. 기독교인으로서, 나아가 인간 존재에 대한 고뇌와 고민이 이어지며 다른 선택을 할 수 있었다. 무엇보다 몇 사람의 소중한 친구를 얻었고 지금까지도 우정을 이어가고 있다. 고통과 열정의 통과의례, 청춘의 한때였다.

이후 한참 연락이 끊겼고, 뉴질랜드에서 하는 책방 사업 일로 다시 연락이 닿았다. '한솔문화원' 로고 디자인을 했고 이후 그가 기획한 책 두 권을 우리 회사에서 편집디자인하였다. 그리고 지금 그의 수필집을 발간하기에 이르렀다.

"이번엔 내 책을 내야겠어요. 마침 후원자가 나타났어요."

올해 여름, 그의 전화가 참 반가웠다. 틈틈이 쓴 글들을 간간이 보긴 했는데 출판이라니! 그것도 누군가 후원을 자청했다니! 참 기뻤다. 이 책에는 박성기라는 한 사람의 솔직한 삶의 이야기가 담겼다. 헌책방 '공씨책방'의 기억이 이 책을 쓰게 한 동기가 되었으니 그의 책사랑은 남다를 수밖에.

학교를 마치고 집으로 가다가 책방에 쪼그리고 앉아 책을 읽는 소년이 떠오른다. 고픈 배를 물로 채우고 책방에 서서 철학책과 역사책, 문학책을 하염없이 바라보고 꺼내 읽는 청년이 떠오른다. 이민생활의 지난함을 책으로 위안받고 그것도 모자라 자기 돈으로 책을 사들여 '한솔문화원'이라는 책방 겸 문화공간을 만든 세 아이의 아빠가 떠오른다. 한 손엔 책을 끼고 한 손엔 노트를 챙기고 사람과 풍경을 만나 취재하고 글 쓰는 뉴질랜드 거리의 작가가 떠오른다. 몇 년 동안 어머니 옆을 지키면서 어머니 이야기를 꼼꼼히 기록하고 가족들의 이야기를 따스하게 담는 효성 지극한 아들이 떠오른다. 한국의 후미진 어느 책방에서 책을 읽으며 성장한 한 소년이 이국땅에서도 끝끝내 책방을 일구어 우리말글을 잊지 않고 얼을 지키며 사는 중년의 어른이 떠오른다.

이 소소하고도 따스하며 솔직담백한 이야기들이 글쟁이 박성기의 섬세하고 단아한 문체로 담겼다. 그의 살아온 이야기 갈피갈피가 글이 되고 책이 되었다. 오십 이후의 생은 '읽고 쓰고 걷는' 사람으로 살겠다고 한 그의 다짐을 반증한다.

이 책의 글들은 한달음에 읽힌다. 재미있어서다. 우리집 혹은 내 옆집에서 일어나는 일처럼 소박하고 따듯하다. 마지막 장에 이르면 코끝이 찡해지고 찔끔 눈물이 난다. 행복해진다. 그가 어떤 삶을 살았는지, 살고 있는지 느끼게 한다. 그의 속삭임에 위로받고 공감한다. 그의 인간다움에 매료되고 만다.

있는 그대로의 모습을 담은 글, 이 책은 오롯이 박성기라는 한 사람을 그대로 담은 그릇이다. 독자는 그가 담아서 내민 그릇을 받아들고 서둘지 말고 음미하면 된다. 재미와 행복, 쓸쓸함과 아픔, 그리움이 담겨 있다. 그가 곧 글이 된 순간을 음미하면 된다. 사이사이 끼워 둔 그에 사진과 함께 산책하듯이.

2013년 가을 〈공씨책방을 추억함〉 이 글로 재외동포문학상 수필 부문 대상을 수상하게 되어 한국에 들른 박성기 작가, 우린 청춘의 그때를 함께했던 또 다른 친구와 셋이 내 고향 안동을 여행했다. 2박3일의 여행이 끝날 때 우린 '천일 후 일 년간 세계일주' 약속을 하며 엄청 신나했다. 나는 오래도록 그 약속을 마음에 품고 있었다. 천 일을 세며 설레었다. 천일이 되는 시점인 2017년 봄, 우리 셋 다 먹고사는 일로 분주하여 세계일주 여행은 유야무야되었지만, 마치 첫눈 오는 날 만나자고 한 약속처럼 가슴 속에서 폴폴 기다림이 흩날리고 있다. 늙어 세계일주를 떠날 꿈을 함께 꾸는 친구를 가졌다는 것, 그것만으로도 행복하다. 그해 여름 나는 서울을 떠나 경기도 양평으로 회사와 집을 옮기고 책 만드는 일에 매진 중이다.

> 글은 본래 그림이자 그리움이다. 영원을 그리고 그리워하는 것이 바로 글이다. 영원을 이어온 '예'의 능력, 그 '수'를 그리워하는 것이 글인 것이다. 그래서 글은 영원하신 하느님에게로 통한다. 글을 그리워하는 것은 하느님을 그리워하는 것이고, 이는 자기 바탈을 태워 위로 솟구치는 일과 다를 수 없다. - [유영모의 귀일신학] (이정배 지음, 밀알북스 펴냄)

다석 유영모 선생은 '글은 곧 그리움'이라 하였다. 글과 그리움, 그리스도를 동의어로 풀었다. 고국을 떠나 계절도 반대인 먼 이국 땅 뉴질랜드에서 피어난 박성기 작가의 글은 그 자체로 그리움이다. 그의 속알 깊숙이 있는 그리움의 근원은 아마도 모국어가 아닐까. 그는 고국에 없으나 모국어는 총총 살아 글 속에서 별처럼 빛난다. 그의 글과 그리움은 어느새 하나가 되어 시공간을 초월하여 나와 숨쉰다. 지천명(知天命)의 우리, 책으로 다시 만났다. 어찌 하늘의 뜻이 아니랴. 다석 선생의 가르침처럼 오직 글과 책을 빚는 일에 성(誠)을 다하겠다고 두 손을 모은다.

이 책을 출판하게 되어 기쁘다. 그와의 인연이 책으로 이어져 더욱 기쁘다. 편집자이자 발행인의 입장이지만 아주 사적인 추천사를 쓰고 보니 벗이 된 우리 존재가 고맙다. 지구촌 어느 곳에서 하나의 푸른 하늘을 바라볼 수 있어서 다행하다.

좋은 책은 저절로 바람을 타고 날아가 씨앗을 뿌리는 법. 은은한 바람이 되어 오래도록 비상하기를 기대해 본다. 다시 동네책방 바람이 부는 이즈음, 아무리 세상 문명이 바뀌어도 종이책은 살아남는다는 이치를 진리로 삼고 싶다. 책에 기대 살아갈 용기를 얻고, 책을 통해 지혜와 사랑으로 깨어나는 시간은 지금이자 곧 영원이기에.

박성기 작가가 공씨책방에 50권을 기증한다니 직접 들고 가야겠다. 그곳에 오래전부터 꽂혀 있던 오래된 책들이 반겨주리라.

고은경 명작출판사 대표

공씨 책방을 추억함

박성기 수필집

1판 1쇄 발행 2020년 11월 16일

지은이 박성기
펴낸이 고은경

표지그림 박공우
본문사진 박성기
디자인 이정연

펴낸곳 명작출판사
주소 경기도 양평군 강상면 신화길 69-64
전화 031-774-7537 **팩 스** 031-772-7535
E-mail truso@hanmail.net

출판등록 제2017-000010호(1997. 12. 2)
ISBN 978-89-90137-12-8 03800

값은 뒤표지에 있습니다. 잘못 만들어진 책은 교환해 드립니다.

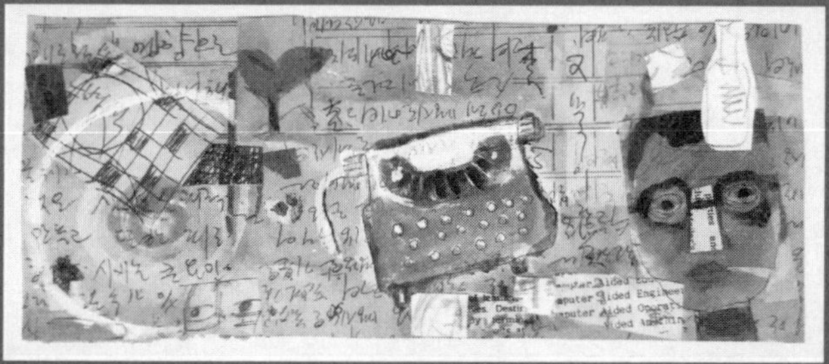

같이

가치 있는

삶을

향해